LE COMTE GASTON

DE

RAOUSSET-BOULBON.

LE COMTE GASTON

DE

RAOUSSET-BOULBON

SA VIE ET SES AVENTURES

(D'après ses papiers et sa correspondance)

PAR

Henry DE LA MADELÈNE.

—

ALENÇON,

Chez POULET-MALASSIS et DE BROISE,

Imprimeurs-Libraires.

—

1856.

L'esprit d'aventure est dans l'essence même du génie français : de tout temps, il s'est rencontré en France des audacieux, pris d'inquiétude, obéissant aux impulsions secrètes et s'en allant devant eux, au hasard, sans grand souci de retour.

Ces vagabonds sublimes ont appris le nom de la France à tous les coins du globe ; partout ils ont planté son drapeau ; partout, ils l'ont fait respecter. Ce sont, en quelque sorte, des messagers mystérieux, continuant à leur insu la tradition héroïque de la race franque, en vue des desseins de Dieu, comme disaient nos pères : *Gesta Dei per Francos.*

Au début, rien ne les distingue des aventuriers vulgaires : personne ne les soutient, personne ne s'inquiète d'eux. Mais tout à coup, au milieu des hasards de leur vie nouvelle, les voilà qui conçoivent un grand dessein. Ils mettent au service de leur idée tout leur courage, toute leur persistance, et l'on reste confondu d'admiration devant leurs efforts, leur patience et leur désintéressement. Dès ce moment, ils se transforment; ils entrent dans la grande famille des Albuquerque et des Cortez: les aventuriers sont des héros.

Le Midi, il faut le reconnaître, a toujours été et est encore, par excellence, la pépinière féconde de ces étranges missionnaires. Ses cadets gascons continuent à chercher fortune aux quatre points cardinaux.

Au dix-huitième siècle, c'était Dupleix conquérant l'Inde, et Victor d'Olivier restaurant le trône de Cochinchine; au commencement de ce siècle, le général Allard gouvernant Lahore. De nos jours, c'est le comte de Lastelle à Madagascar, le général d'Orgoni en Birmanie et Gaston de Raousset en Sonore (1).

On s'est beaucoup occupé, dans ces derniers temps, du comte Gaston de Raousset-Boulbon et de ses

(1) Dupleix, le grand Dupleix est né à Condom, sur les bords du Rhône; Victor d'Olivier à Carpentras; Allard à Saint-Tropez; le comte de Lastelle à Toulouse; Raousset à Avignon; d'Orgoni seul fait exception, il est né à Chambord.

aventureuses entreprises. Sa fin tragique a ému les deux mondes.

Ce qu'on en a écrit jusqu'à ce jour, tant en France qu'à l'étranger, nous encourage dans la publication de notre travail; M. le comte de Raousset-Boulbon n'est ni connu ni jugé comme il mérite de l'être.

Grâce à des recherches patientes, grâce surtout à l'obligeance de personnes que nous ne saurions trop remercier ici, nous avons pu rassembler la plus grande partie de sa correspondance, prendre connaissance de ses papiers intimes, et compulser quantité de journaux californiens et mexicains, tour à tour sympathiques et hostiles à ses idées et à ses actes.

Si la France avait secondé M. de Raousset, elle serait aujourd'hui maîtresse d'une colonie magnifique, comme elle serait maîtresse de l'Indoustan si elle n'avait pas abandonné Dupleix. C'est en suivant les plans de Dupleix que lord Clive et Warren Hastings ont soumis cent millions d'hommes à l'Angleterre; demain, en suivant les plans de Raousset, les États-Unis vont fonder en Sonore une puissante république.

On a dit de M. de Raousset : — C'est un Cortez avorté. Il eût été plus juste de dire : C'est un Cortez tué au début.

Qui peut savoir ce qu'àvec un peu de chance eût accompli ce jeune audacieux, si résolu, si persistant? Jusqu'où serait-il allé ? Faire de grandes choses avec de petits moyens est le propre des esprits supérieurs. A ce titre, qui contestera la supériorité de M. de Raousset ?

Pour nous, pendant tout le temps qu'a duré ce travail, nous avons eu présente aux yeux sa chère et douloureuse image; nous nous flattons bien moins d'avoir réussi à raconter sa vie que d'avoir tenté d'élever un monument sympathique au compatriote, à l'ami, au représentant de l'esprit vivant de la France, à cette gloire d'une heure, dernier et vif éclair d'une chevalerie qui s'en va.

I

Le comte Gaston Raoulx de Raousset-Boulbon est né
à Avignon, le 2 décembre 1817, et appartient à l'une
des plus nobles et des plus anciennes familles de Provence ; il était encore au berceau lorsqu'il perdit sa
mère (1), et sa première enfance s'écoula en Gascogne,
auprès de son aïeule maternelle.

Dès cette époque, l'enfant montra ce que serait
l'homme. Fier, hautain, irascible, nul ne pouvait plier
sa petite volonté. Il subissait dans un silence farouche
les punitions que lui attiraient ses espiègleries ; jamais
on ne put l'amener à demander pardon.

Un soir, à la suite de je ne sais quelle peccadille, sa
grand'mère voulut le faire mettre à genoux en plein
salon. L'enfant se révolta contre cette humiliation,

(I) Constance de Sariac.

1*

s'échappa des mains qui le retenaient, et, s'acculant dans un coin, les poings fermés et les yeux flamboyants :

— Osez me toucher ! s'écria-t-il d'une voix dont l'énergie étonna tout le monde.

Il avait alors à peine sept ans.

Les domestiques le redoutaient et l'avaient caractérisé d'un mot :

— M. Gaston, disaient-ils, c'est un petit loup !

On lui obéissait comme à un homme. Un jour, il avait donné un ordre dont un domestique ne crut pas devoir tenir compte ; Gaston furieux chassa le domestique. Celui-ci, comme on pense, ne se tint pas pour congédié, et, le lendemain, il se retrouvait en présence de son jeune maître. Gaston, pâle de colère, le saisit par le bras, le traîna par devant Mme de Sariac et demanda impérieusement comment il se faisait que cet homme fût encore dans la maison.

— Parce que je commande seule ici, lui répondit sévèrement la grand'mère.

— Vraiment? dit Gaston, eh bien ! alors, il vous faut choisir entre Baptiste et moi, car s'il ne sort pas d'ici, j'en sortirai !

On n'attacha aucune importance à ce propos, et Baptiste fut conservé.

Le lendemain, à l'heure du déjeuner, on appela en vain Gaston ; il était parti selon sa promesse ; l'alarme fut grande ; on le chercha dans tout le pays, et on ne le retrouva que le soir à trois bonnes lieues du château, sur la route de Toulouse.

Ce ne fut pas sa seule escapade.

Quand son père vint le chercher pour le conduire au

pensionnat des Jésuites, à Fribourg, le *petit loup*,
terrifié par la mine sévère du vieux comte de Raousset, prit
une seconde fois la fuite et passa deux nuits dans les
bois ; on le ramena à demi-mort de froid et de faim.

Comme on le voit, les révérends Pères avaient en
Gaston un merveilleux sujet pour prouver l'excellence de
leur méthode d'éducation.

Gaston arriva au milieu de ses petits camarades, l'œil
en dessous, les dents serrées, la main prête à repousser
par la force toute attaque à sa qualité de *nouveau*. L'accueil qu'il reçut vainquit bien vite ses défiances ; sa
générosité naturelle s'éveilla subitement en présence de la
cordialité de ces joyeux enfants qui venaient à lui comme
au devant d'un ami attendu. Son cœur gonflé se dilata,
et, comme il se plaisait à le répéter depuis, pour la
première fois son âme s'épanouit sans contrainte.

L'habileté des Jésuites est connue : au lieu de heurter
à tout propos cette fierté, de froisser cet amour-propre,
de provoquer pour les vaincre les révoltes de cet esprit
violent, ils s'attachèrent surtout à développer les ardeurs
généreuses de son âme. Ils tournèrent vers le travail son
amour-propre même et son impétuosité. Ils lui firent
faire par l'émulation et le point d'honneur ce qu'aucune
autorité n'aurait obtenu de lui par la crainte. Gaston
passa huit ans à Fribourg sans être puni une seule fois.
Au dernier moment, le révérend Père recteur se démentit
malheureusement, et, pour une infraction constatée,
condamna Gaston à se mettre à genoux pendant l'étude
du soir. Il n'était guère probable que le jeune homme
de dix-sept ans accepterait l'humiliation contre laquelle
l'enfant de huit ans avait protesté. Gaston résista.

— C'est bien assez de se mettre à genoux devant Dieu ! répondit-il au Père Galicé.

— Vous obéirez , répliqua le Père, ou vous quitterez le pensionnat. Choisissez !

— Mon choix est fait, dit Gaston , je pars !

Il partit en effet le soir même.

Gaston ne garda pas rancune aux Pères Jésuites ; il les a toujours défendus. Il disait hautement qu'il était leur obligé , et que c'était à eux surtout qu'il devait l'élévation de son caractère et le sentiment profond de sa dignité personnelle.

En sortant de Fribourg , Gaston vint rejoindre son père au château de Boulbon, près Tarascon.

Le vieux comte accueillit son fils avec la froideur et l'étiquette d'un autre âge. Tout élan se glaça dans le cœur du jeune homme. Une tristesse soudaine l'envahit, et il sentit son âme se replier douloureusement.

Gaston touchait à sa dix-huitième année. Le jour même où il atteignit cet âge , son père le manda en son cabinet, et, par-devant notaire , lui rendit avec une fidélité scrupuleuse ses comptes de tutelle. Lorsque Gaston lui en eut donné une décharge en règle , il le fit émanciper et le mit immédiatement en possession de la fortune qui lui revenait de sa mère , fortune considérable qui devait bientôt se fondre dans ses mains jeunes et téméraires.

C'était un terrible vieillard que ce vieux comte. En lisant dans les *Mémoires d'outre-tombe* , l'admirable chapitre où M. de Châteaubriand raconte la vie du château de Combourg , nous avons toujours involontairement pensé au père de Gaston. Altier, taciturne, dur, sauvage,

il passait l'année presque entière dans cette ruine de
Boulbon dont un pavillon seul était à peu près habitable,
écoutant dédaigneusement le bruit du siècle, évoquant
avec amertume les souvenirs du passé. Sa vie avait eu
toutes les traverses des hommes de son temps que n'avait
pas atteints la terrible justice révolutionnaire, mais
c'était en vain que la révolution française avait grondé
sur sa tête et tout changé autour de lui : l'émigré,
rentré en France, n'avait rien oublié ni rien appris. Sous
la restauration, il bouda le roi Louis XVIII, qu'il traitait
de jacobin ; après la révolution de juillet, pour ne pas
payer directement l'impôt au roi Louis-Philippe, il fit
cession de tous ses biens à sa femme. Ces faits peignent
l'homme.

On écrirait une légende curieuse en rassemblant les
traits du même genre qui se racontent encore aujour-
d'hui en Provence sur le vieux comte ; son obstination,
sa morgue, comme aussi sa générosité et sa loyauté
chevaleresque, en faisaient un type véritable. Mais sa
haute mine inspirait plutôt la crainte que la tendresse, et
il enrageait de voir les petits enfants s'enfuir devant lui.

Gaston, on le conçoit, étouffa bientôt dans cette
retraite glaciale ; la vie bouillonnait en lui et le besoin
d'action l'envahissait. Il dévora en quelques mois la
bibliothèque de son père, et courut le pays à cheval, pour
se dérober en quelque sorte à lui-même : mais un moment
vint où il n'eut plus un livre à relire, et où il n'en-
tendit plus, sans frémir, la cloche qui l'appelait à ce
dîner de chaque jour, toujours le même, cérémonieux,
triste, où personne n'osait ouvrir la bouche devant le maître.

Il partit pour Paris, Paris la tentation éternelle.

II

Gaston avait dix-neuf ans : c'était ce qu'on est convenu d'appeler un cavalier accompli. Moyen de taille, mais admirablement bien proportionné, il était souple et élégant dans ses moindres mouvements. Son front large et pur rayonnait d'audace et de résolution. Il avait la chevelure blonde et la barbe fauve, le nez droit et fin, l'œil superbe, humide, ardent, par moments insoutenable de fixité lumineuse.

« La première fois que je l'ai vu, nous écrit un de ses
» amis les plus intimes, il était à écrire, assis en dehors
» de sa table, sur l'angle de sa chaise, droit sur ses
» reins, la tête haute. Sa voix, son geste, son regard,
» tout en lui dictait des ordres. Je l'ai revu depuis en
» vingt circonstances : dans les clubs, dans la rue, dans
» le monde, chez lui, j'ai toujours retrouvé ces allures
» fières, cet air de commandement, ces mouvements
» impérieux, et tout cela sans jactance, sans emphase ; il
» avait vraiment de la race. »

Une infirmité cruelle déparait seule cette riche nature. Gaston était presque sourd et parfois même sourd tout à fait. Les conditions atmosphériques avaient une grande influence sur ses organes : en temps sec, il entendait à merveille. Quelque temps qu'il fît, il entendait toujours les voix familières.

Cette malheureuse surdité exceptée, personne n'était mieux doué ; écuyer intrépide, prévôt d'escrime, fin tireur, il chantait avec goût, dessinait d'une façon remarquable et faisait des vers charmants à ses moments perdus. Nul ne concevait plus rapidement et n'exécutait plus résolûment. Causeur spirituel, il devenait , en s'animant, orateur chaleureux, et son éloquence entraînante charmait ceux même qu'il attaquait. Tout en lui était premier mouvement, impétuosité , passion. Un jour quelqu'un lui dit :

— Mais Gaston, quand donc serez-vous calme ?

— Quand je serai mort ! répondit-il.

Il était sincère, ouvert, et d'une sûreté de relations sans égale ; mais , comme son père, il supportait difficilement la contradiction , et ceux qui le connaissaient peu le trouvaient hautain et dédaigneux. Ce qui dominait en lui, c'était le besoin d'initiative, de commandement, de puissance. Il étouffait dans la société moderne et cherchait en vain une place à sa taille. La vie bourgeoise , la lutte des intérêts matériels lui faisaient lever le cœur ; il voulait agir , il appelait l'action , et tout ce qu'il rencontrait lui semblait mort, mesquin , aplati, inutile.

Un soir, après un souper joyeux avec des amis de son âge , il se laissa aller à une de ces rêveries qui le prenaient souvent quand il était seul.

— A quoi songez-vous ? lui demanda-t-on.

— Je songe que nous sommes des malheureux, répondit-il , et que nous perdons notre jeunesse en des sottises. Qu'a de plus ce souper que celui d'hier? Qu'aura de plus celui de demain ? Oh ! je voudrais faire quelque chose de grand !

C'était bien l'homme : au milieu de sa vie élégante , pendant ses folies les plus grandes , aux jours de ses fantaisies les plus ruineuses ou de ses spéculations les plus téméraires, le désir de *faire quelque chose de grand* l'étreignait malgré tout. Il devait avoir bientôt assez du triste bagage des joies modernes, et sa jeunesse ne devait pas rester longtemps encore, stérilement orageuse, dans les loisirs et les élégances de Paris.

Aux ardeurs de cette vie nouvelle, les principes si patiemment inculqués par les révérends Pères se fondirent les uns après les autres. Gaston était sorti de Fribourg royaliste et catholique ; après deux ans de vie parisienne, le royaliste ne croyait plus au roi et le catholique riait de Rome. Toutes les fictions vénérables dans lesquelles il avait été élevé défilèrent devant lui, interrogées par sa raison audacieuse. Il chercha la vie parmi toutes ces choses mortes, et il ne trouva pas d'écho pour ses cris.

Il avait rêvé un roi-chevalier, du sang d'Henri IV, débarquant un beau jour sur un point quelconque du pays, plantant son drapeau et ralliant autour de lui les débris de la noblesse de France. Ce roi guerroyait vaillamment pour reconquérir sa couronne ; et Gaston se voyait à ses côtés comme Bayard à côté de François Ier, ou Crillon, son compatriote, à côté du Béarnais : et c'étaient des défis, des chevauchées, des assauts, des batailles, puis, l'entrée triomphale à Paris, les sourires des duchesses, l'action politique sur les destinées de son temps, enfin la retraite honorée de sa glorieuse vieillesse, dans Boulbon rebâti à neuf, sur l'ancien plan, pierres pour pierres.

Il ne lui fallut pas longtemps, hélas, pour savoir ce que valaient ses rêves. Le *Roi* proclamait bien haut son horreur de la guerre civile, s'entourait de conseillers séniles, et préférait évidemment les quiétudes de Froshdorff

et les fêtes de Venise aux hasards des batailles héroïques.
La noblesse boudait le gouvernement de juillet, mais
songeait bien plus à refaire sa fortune qu'à reconquérir une influence perdue. La jeunesse royaliste, éner-
vée dans les bras des Laïs modernes, ne quittait guère
leurs salons équivoques, élevait quelques chevaux
anglais, et faisait, par ton, le *pélerinage de l'exil.* Nulle
part l'ardeur, nulle part la foi ; la bourgeoisie avait tout
envahi, tout rétréci ; on citait encore quelques fous,
mais en y regardant de près, il était facile de retrouver
le calcul jusque dans les folies : l'esprit français était
transformé.

Un court voyage que Gaston fit dans le Morbihan porta
le dernier coup à ses illusions chevaleresques. Il vit de
près ces Vendéens dont les *mémoires* et les romans royalistes lui avaient donné une si étrange idée. Malgré les
dernières tentatives, la terre héroïque était sans mur-
mures et rien ne restait des géants de 92. De temps en
temps, il rencontrait quelques vieux capitaines de
paroisse, légendes vivantes, fantômes d'autres temps,
étrangers, en quelque sorte, dans leur pays même. Parfois
aussi, il retrouvait au fond de leurs châtellenies en ruines,
quelques gentilshommes fidèles, vivant en dehors du
mouvement moderne et prêts à recommencer la guerre
de buissons. Mais cette guerre même était devenue impossible. Il chercha en vain les chemins creux, les haies
séculaires, les taillis impénétrables, immortalisés par les
luttes de Cathelineau et de Bonchamp. Il revint à Paris
par une route royale, désabusé, humilié presque, et de
ce jour il commença à prêter l'oreille aux bruits
nouveaux qui montaient du fond des foules.

Aussi, quand il revint, à quelque temps de là, passer un mois ou deux à Boulbon, le vieux comte fronça le sourcil aux airs *jeune-France* de son fils.

Ici se place une petite anecdote qui donnera une idée des rapports de Gaston avec son père.

L'accueil fut froid et solennel comme d'habitude : le dîner méthodique et silencieux comme par le passé.

Après le dîner, et comme Gaston fumait un cigarre sur la terrasse, M. de Raousset rompit le silence glacial qu'il avait gardé et dit à sa femme :

— Madame, il me serait pénible de discuter avec mon fils, et il me serait impossible de supporter sa résistance. Vous le voyez, il nous revient de Paris avec toute sa barbe et le cigarre aux dents. Passe pour le cigarre ! Mais dites-lui, je vous prie, qu'il ne convient pas à un homme de sa naissance de porter une barbe de moujik, et que je lui serai obligé de m'en faire le sacrifice.

La commission était délicate ; Gaston tenait à sa barbe et non sans raison, car elle lui allait à merveille. Mais comment oser contredire le terrible vieillard ? Mme de Raousset s'exécuta, et Gaston, cédant aux prières de sa belle-mère, parut le lendemain à table complétement rasé.

— Monsieur, lui dit le comte, je vous remercie de votre déférence à mon désir.

Et ce fut tout.

A quelques jours de là, le comte reprit :

— Madame, je vous autorise à dire à mon fils qu'il peut laisser repousser sa barbe ; toutes réflexions faites, je n'y vois pas d'inconvénients.

Gaston profita de la *permission*, comme on peut le

croire ; mais le vieillard trouva sans doute que cette barbe était bien longue à repousser, et qu'il n'était pas convenable qu'un homme de son sang eût pendant trois ou quatre semaines un air négligé et malpropre.

— Décidément, dit-il un soir, la barbe ne va pas à Gaston. Madame, je vous prie de lui dire de se raser de nouveau.

Cette fois, le bouillant jeune homme trouva l'exigence intolérable. Il remonta dans son appartement, boucla ses malles et repartit le soir même pour Paris.

Un an après cette aventure, M. de M***, ami de la famille, était retenu à coucher à Boulbon. La comtesse de Raousset eut l'imprudence de dire à un domestique : — Préparez pour M. de M*** la chambre de Gaston. — Madame ! s'écria le vieillard en se levant tout droit, M. Gaston n'a plus de chambre ici.

Le père et le fils ne devaient plus se revoir.

III

Nous ne suivrons pas Gaston de Raousset dans le tour-
billon de cette vie parisienne dans laquelle il s'était
replongé à son retour de Boulbon. Seulement nous consta-
terons que s'il gaspilla sa fortune en quelques mois, ce
fut avec une aisance à faire pâlir les maigres prodigues
de nos jours. Il faisait de son argent un emploi malheureux, mais jusqu'en cet emploi il restait l'homme de la
passion, de la fantaisie, de l'imprévu. Un jour, obligé
d'abandonner sa charmante villa d'Auteuil, il achète un
bateau à vapeur et passe trois mois sur la Seine, avec
des violons et un fin cuisinier enlevé à l'ambassade
anglaise. Une autre fois, appelé à Rouen pour une affaire,
il avise une jolie maison, au bord de l'eau, l'achète
incontinent et l'habite jusqu'à ce que sa fantaisie s'en
lasse. Un an après, ruiné à demi, il tente une entreprise
industrielle, et nous le retrouvons, rue de Rivoli, à la
tête du plus confortable et du plus élégant hôtel de Paris :
et ainsi de suite jusqu'en l'année 1845.

Nous retrouvons dans ses papiers une grande quantité
de vers qui remontent à cette époque tourmentée,
inquiète, où son activité fiévreuse se consume stérilement
sur elle-même. La plupart sont des vers d'amour et n'ont
pas un caractère bien accusé. Çà et là cependant se
rencontrent quelques strophes d'un sentiment profond et
qui nous ont paru dignes d'être conservées :

. . . .

Alors, comme aujourd'hui, les discordes civiles
Livraient aux factions les peuples et les villes.
Lorsqu'entre deux combats il écrivait ses vers,
Le Dante, ce grand cœur plein d'amère tristesse,
Dans son âme unissant Florence et sa maîtresse,
    Portait le ciel et les enfers !

Aujourd'hui, comme alors terrible, sur nos têtes
L'horizon menaçant se charge de tempêtes;
Dieu se lasse et s'irrite, il retire la main
Qui maintient en repos l'équilibre du monde.
Qui peut de l'avenir sonder la nuit profonde?
    Qui sait où nous serons demain?

. . . .
      .

Dans une pièce des plus légères , on trouve les vers
qui suivent. Ils prouvent que, malgré la turbulence de sa
vie , Gaston de Raousset était souvent dominé par des
pensées sévères.

. . . .

Dieu condamna l'homme au travail austère
Et de la douleur le fit compagnon :
Il faut déchirer le sein de la terre
Pour en féconder le moindre sillon.

Plus on veut savoir plus grande est la peine :
La science amère est lente à venir,
Et quand on arrive enfin, hors d'haleine,
Vient la pâle mort, suprême avenir !

. . . .

Une autre fois, il tire son horoscope. La pièce entière est très-belle ; mais nous devons nous borner à un extrait :

. . . .

Dans les rouges haillons sur ses genoux drapés,
La vieille consulta les tarots fatidiques ;
Elle lut dans ma main les lignes symboliques ;
Elle hocha la tête et puis elle me dit :

« Ce n'est pas moi qui parle, écoute ; c'est l'esprit !
» Enfant qui ne crois pas, écoute, quand ton heure
» Plaintive aura sonné comme ce vent qui pleure,
» Lorsque tu sentiras plier ton front hardi,
» Lorsque tu douteras si le ciel t'a maudit,
» Enfant, rappelle-toi la sorcière espagnole !...
» Fortune, amis, jeunesse, amours, feuille qui vole
» Et que le temps emporte et qu'il ne rend jamais,
» Bientôt tu perdras tout !
                                        — Des jours que tu rêvais,
» Des soleils appelés par ton âme ravie
» Peut-être les rayons luiront-ils sur ta vie
» Peut-être vers le soir, lorsque la trahison,
» La faim, la soif, le feu, le fer et le poison
» Se seront émoussés sur ton corps et ton âme,
» Alors, si ton grand cœur n'a pas perdu sa flamme,
» Si, mille fois trompé, tu conserves la foi,
» Si tu luttes encor... enfant ! tu seras roi !...

» Peut-être !... mais avant, ta tête qui s'incline
» Aura longtemps saigné sous le bandeau d'épine !
» Tu souffriras !... hélas ! chacun pourra te voir,
» Comme la grappe mûre est jetée au pressoir,

» Foulé par le destin, le destin que tu railles,
» Destin toujours aveugle et toujours sans entrailles !
» Tu souffriras ! ton or glissera dans ta main,
» Tu seras pauvre et seul ; tu gagneras ton pain ;
» Tes jours seront mauvais sur la terre lointaine,
» Au delà de ces mers où l'avenir te mène.
» Reverras-tu jamais ton antique berceau
» Et ton vieil écusson, gravé sous le créneau ?
» Souvent les souvenirs, sur ta bouche attendrie,
» Mêleront les sanglots au nom de la patrie ;
» Mais la reverras-tu?... Loin, par delà les flots,
» Qui sait, qui pourra dire où dormiront tes os?
» Est-ce la bête fauve ou la blanche colombe
» Qui dans l'ombre des nuits visitera ta tombe? »

La pauvre bohémienne, hélas, aura raison !
Ingratitude, oubli, mensonge, trahison,
Se mêlent dans la coupe où tes lèvres avides
Vont aspirer la vie et qu'il faut que tu vides !

« — Cœur altéré d'amour, tu chercheras l'amour
» Comme l'œil de l'aiglon cherche l'éclat du jour,
» Comme le daim blessé court à travers les plaines,
» Cherchant l'ombre des bois, l'eau claire des fontaines.
» Croyant, et plein d'espoir, ton cœur se donnera.
» Aime donc, et malheur ! car on te trahira !
» Oui, malheur ! mais surtout à chaque destinée,
» Par un hasard quelconque à la tienne enchaînée !
» Jusqu'au jour du triomphe!... oui... jusques à ce jour,
» Quiconque t'aimera, mourra de cet amour ! »

Citons, pour finir, ce refrain étrange d'une chanson
faite à table, un soir de folie, et que les évènements ont
rendu si tristement prophétique :

Mon cœur en désespéré
Court la prétentaine,
Qui peut savoir si j'irai
Jusqu'à la trentaine !
Mais que l'avenir soit gai
Ou qu'on *me fusille*...
Baisez-moi, Camille, ô gué !
Baisez-moi, Camille !

Bien que les travaux littéraires de Gaston de Raousset ne remontent pas tous à cette même époque, on nous pardonnera de les grouper ici, pour n'avoir plus à y revenir.

Le journal la *Presse* a publié il y a quelques mois un roman que tout le monde a lu, et qui, en dehors de la curiosité toute spéciale qu'éveillait son nom déjà célèbre, a eu un très-franc et très-légitime succès. Ce roman, œuvre hâtive (1), d'une composition un peu lâchée, sans grands effets dramatiques, se recommande par un style vif, élégant et souple, une grande sûreté de manière et une rare franchise psychologique. Gaston s'est peint à grands traits dans ce jeune Langenais, ruiné si vite, dernier représentant d'une race finie, revenant, épris d'idées nouvelles, heurter de front les préjugés augustes qui bercèrent son enfance et dont son âge mûr a secoué le joug. Tout en trouvant une éloquence entraînante pour

(1) Aux termes de la lettre dont M. le comte de Pontmartin nous a honoré le 9 novembre dernier, *Une Conversion* aurait été écrit en dix-sept jours !

la glorification du passé, il affirme l'avenir avec une conviction profonde. C'est l'œuvre d'un homme qui a beaucoup vu, beaucoup réfléchi, beaucoup résisté, et qui, vaincu enfin par la lumière, proclame son vainqueur au lieu de le maudire.

La littérature dramatique devait nécessairement tenter un esprit résolu et décidé comme celui de Gaston. Il a fait plusieurs drames, et, comme toujours, avec une ardente rapidité. Ses essais furent plus ou moins heureux, mais comme il était avant tout un homme sincère vis-à-vis de lui-même, plus d'une fois, en relisant à tête reposée le produit de ses nuits fébriles, il jeta l'œuvre au feu, sans hésitation et presque sans regrets. Nous croyons devoir citer, cependant, *Bianca Capello*, œuvre plus caressée, vingt fois refaite, et *Les Albigeois,* esquisse sinistre et mouvementée d'une époque de troubles civils et religieux. Les manuscrits de ces deux drames existent. Ils nous ont paru dignes de tenter un directeur intelligent.

IV

Vers 1845, Gaston de Raousset, lassé d'oisiveté, de plaisirs et de dissipation, se sentit énergiquement repris de ce besoin d'activité, d'émotion et d'entreprise qui était le fond même de sa nature. Rien n'était à faire en France pour lui, mais à cette époque, sous l'administration intelligente du maréchal Bugeaud, la colonie africaine offrait plus d'une tentation aux audacieux. Gaston se décida résolûment, rassembla les débris de sa fortune, partit pour l'Algérie, et commença des travaux de colonisation sur un plan grandiose.

La mort de son père lui permit de faire toutes les améliorations que comportait sa vaste entreprise. Gaston avait apporté en Afrique ses goûts de grande vie ; on se rappelle encore à Alger les chasses excentriques qu'il inventa contre les bêtes fauves les plus redoutées ; la part brillante qu'il prit à diverses expéditions militaires, et cette générosité insouciante qui faisait ouvrir une table de roi à ce gentilhomme plus qu'à demi ruiné, qui ne pouvait pas prendre sa ruine au sérieux.

Une brochure que nous avons sous les yeux et qu'il publia en 1847 (1) prouve à la fois de quel amour il

(1) *De la Colonisation et des institutions civiles en Algérie*, par le comte G. de R.-B., *colon algérien*. Paris. Dauvin et Fontaine.

s'était pris pour sa nouvelle patrie et aussi avec quel
remarquable coup-d'œil il jugeait de ce qui était à faire.

Gaston de Raousset revendique avec énergie les droits
de la population civile :

« Personne plus que nous, dit-il, ne rend hommage aux services de
l'armée d'Afrique ; mais si la tâche du soldat est belle, la nôtre a son
prix.

» La force qui détruit est dans l'armée ; la force qui produit et qui
fonde est en nous.

» La France a jeté un milliard en Algérie ; grâce à une population
civile assez énergique pour n'avoir pas fui les aventures, il y a aujour-
d'hui près de huit cent millions de capitaux immobilisés en Algérie.

» Ce chiffre a son éloquence.

» La société européenne de l'Algérie fût-elle uniquement composée
des cantiniers de l'armée, comme le disent les uns ; se fût-elle formée,
comme le disent les autres, du rebut de l'Europe et de l'écume de la
Méditerranée, cette population compte aujourd'hui cent dix mille âmes.
Elle travaille, elle possède ; ce n'est pas une plèbe, c'est une société
intéressée à l'ordre et mûre pour le règne de la loi. »

Cette brochure est le premier écrit politique de Gaston
de Raousset ; elle est remarquable par sa fermeté, son
éloquence et son côté pratique. Elle fit à son apparition
la sensation la plus grande.

« Qu'on nous dise, nous le demandons hardiment, quels sont les
capitalistes qui consentiront à vivre dans un pays où les intérêts sont
confiés à une administration que les administrés n'ont pas le droit de
contrôler ?

» L'homme qui, dans son département, peut être conseiller munici-
pal, conseiller général, électeur, député, renoncera-t-il volontiers aux
avantages, à l'influence, à la considération qui se rattachent à une telle

position pour aller se fixer dans un pays où la liberté individuelle même n'est pas garantie? »

Un peu plus loin, il s'écrie avec une ironie saisissante et une autorité réelle :

« Un coup de canon tiré sur l'Océan peut mettre en péril nos possessions d'Afrique ; une bataille perdue peut nous chasser de cette Algérie si chèrement conquise.

» Dans cette catastrophe, l'armée perd un *beau champ de manœuvres*, mais elle conserve ses grades, ses décorations, sa solde, ses chances d'avancement. Rien pour elle n'est changé.

» L'administration revient en France : elle y retrouve ses places, ses appointements et... d'autres administrés.

» Quant à nous, qui devons laisser en Algérie nos fermes, nos terres et nos maisons; nous qui, en définitive, représentons le seul résultat, le seul travail d'avenir qui se soit produit jusqu'à ce jour, nous reviendrions demander l'aumône à notre pays! »

Chose singulière, en écrivant cette brochure, Gaston de Raousset n'obéissait qu'à un mouvement tout personnel. La brochure passa pour une œuvre de parti. Les livres ont leurs destinées comme les hommes; le maréchal Bugeaud fit au jeune colon l'honneur de le considérer comme le chef de l'opposition civile, et, de ce jour, naquit une estime toute particulière dont le maréchal se plut à multiplier les preuves.

La nomination du duc d'Aumale au gouvernement général de l'Algérie vint donner à Gaston de Raousset les plus grandes et les plus légitimes espérances. La retraite du maréchal était une véritable victoire; avec lui s'en allait le régime du sabre, du bon plaisir et des colonies militaires; l'Afrique respira.

Honoré de l'amitié particulière du prince , écouté avec une faveur marquée , désigné le premier pour une concession exceptionnelle, Gaston de Raousset voyait déjà ses projets se réaliser lorsque tout à coup , avec un bruit terrible, la révolution de février éclata.

V

La révolution ruinait M. de Raousset radicalement :
elle brisait sa fortune renaissante, elle mettait à néant
ses plans et ses idées ; il eut pu, à bon droit, la traiter
en ennemie. M. de Raousset, au contraire, salua avec
enthousiasme la jeune République.

Comme tous les hommes de sa génération que n'avait
pas énervé le règne de Louis-Philippe, il se sentit
profondément remué par ce grand événement. Un horizon
radieux s'ouvrait, l'âme de la France se réveillait de sa
torpeur, le sang bouillonnait dans toutes les veines et
une grande force de rajeunissement se manifestait de
tous côtés. Gaston ouvrit son âme à toutes les illusions
généreuses. Qu'avait-il à regretter dans ce qui venait de
s'écrouler si piteusement? Le gouvernement de la bourgeoisie l'avait froissé, irrité dans son orgueil de gentilhomme et dans son orgueil de Français. Pour lui, la
révolution de février était surtout la banqueroute de cette
bourgeoisie arrogante et bornée, et il battait des mains
à sa chute.

La république faisait appel à toutes les bonnes
volontés, à toutes les vaillances : elle allait réveiller les
échos endormis et remuer le vieux monde de fond en
comble. Elle apparaissait, non pas les mains pleines de
sang comme son aînée, avec des cris farouches et des
piques sinistres, mais fière, souriante, et si sûre de sa

victoire pacifique que son premier acte abolissait l'écha-
faud. Un grand poéte tenait en main ses destinées, et sa
voix calmait comme par enchantement les plus terribles
émotions populaires. Comment rester en dehors de ce
mouvement généreux? Comment se condamner à l'inaction au moment où la vie exhubérait, où chaque activité
allait trouver son emploi ? Gaston n'hésita même pas. Il
réalisa à des prix désastreux ce qui lui restait et accou-
rut dans sa province natale mettre au service des idées
nouvelles sa jeunesse et son énergie.

Il serait puéril de faire du comte de Raousset un
démocrate socialiste, mais il est aussi impossible de voir
en lui, comme certaines susceptibilités n'ont pas craint
de le demander à notre complaisance, un royaliste
déguisé, hurlant une heure avec les loups. La franchise et
la loyauté de son caractère se refusent également à cette
duplicité. Gaston avait salué sincèrement la République,
il l'avait acceptée, il l'a défendue. Ses professions de foi
aux électeurs des Bouches-du Rhône et de Vaucluse, ses
discours dans les clubs, ses articles dans le journal qu'il
a dirigé pendant un an, le prouvent surabondamment.
A coup sûr, il n'eût pas renversé la monarchie, mais la
monarchie à bas, il en faisait bon marché. C'était un
aristocrate, soit : Alcibiade l'était bien.

Quand il venait dans les clubs de Vaucluse, en habit
noir, en gants blancs, les portefaix du Rhône disaient :
Vaqui lou conté ! (Voici le comte.) Gaston, en effet, dans
cette ville d'Avignon où comtes et marquis ne manquent
certes pas, était le *comte* par excellence. Il est resté le
comte jusqu'à la fin de sa vie, quelle que fût sa fortune.
A San Francisco, nous le verrons endosser courageuse-

ment la vareuse rouge du travailleur, mais qui parlait du *comte*, parlait de lui. En Sonore, quand on disait : *El conde*, chacun savait de qui il était question. C'était un gentilhomme dans la force du terme.

Pendant toute la durée du gouvernement provisoire, le *comte* fut un tribun éloquent et passionné. Inconnu, pour ainsi dire, de ses concitoyens, il lui fallut une activité incroyable pour poser sa candidature. Il parcourut tout son département ville par ville, bourgade par bourgade. Dédaigneux et fier avec les bourgeois, sollicitant leurs suffrages d'une voix hautaine, il savait à merveille se faire familier et simple avec les paysans et les ouvriers. Il eut de grands succès oratoires, et avec un peu de *politique* il eût emporté d'assaut cette élection qu'il devait par trois fois manquer de quelques milliers de voix. Par malheur pour lui, trop conservateur pour les démocrates, trop républicain pour les royalistes, il s'est trouvé dans la position fausse des gens qui vivent en dehors des partis, qui ont horreur des coteries et qui n'obéissent qu'aux cris de leur conscience jalouse.

M. de Raousset échoua donc aux élections générales.

Le 10 mai 1848, il fondait : *La Liberté.*

C'était le temps, on s'en souvient, des discussions ardentes et des polémiques passionnées : chaque jour des problêmes redoutables étaient posés, et leurs solutions servaient de menace à ceux qu'elles n'épouvantaient pas. D'autre part, la révolution de février avortait journellement ; rien ne sortait de ses entrailles déchirées, et les énigmes de l'avenir attendaient en vain leurs OEdipes. L'irritation naissait de cette impuissance même des partis ; la situation se tendait cruellement ; les moins clairvoyants pressentaient des luttes sanglantes. Partout la guerre était dans l'air, mais plus que partout peut-être, dans ce terrible Midi, la politique allait devenir une guerre de personnes, et les provocations individuelles allaient remplacer les discussions de principes.

Les républicains de vieille roche, soupçonneux, jaloux, considéraient la République comme leur propriété exclusive. Au lieu d'accueillir les nouveaux venus, les convertis d'hier et de demain, ils resserraient leurs rangs et s'isolaient insensiblement dans le pays. Au lieu de devenir l'universalité des citoyens, ils ne furent bientôt qu'un parti : or, les partis ne peuvent se passer d'hommes, et les hommes devaient manquer au parti démocratique comme aux autres.

M. de Raousset se jeta résolûment au plus fort de la mêlée, et son journal, tout personnel, se fit bientôt remarquer par la vivacité de ses attaques. Pendant un an, il resta sur la brèche, harcelant tour à tour les blancs, les bleus, les rouges, et essayant de fonder un parti nouveau, sans passé, tout à l'avenir. La nature de ce recueil ne nous permet pas de donner ici, comme nous l'aurions désiré, des extraits de ses articles politiques, nous dirons seulement que la presse *réactionnaire*, dans le sens que les querelles de partis ont attaché à ce mot, est bien loin de nous avoir accoutumés à l'indépendance et à la fierté de langage qui distinguent *la Liberté*, parmi tous les journaux nés de l'ébranlement de février.

M. de Raousset avait dit vrai en niant être l'homme d'aucun parti ; on le lui prouva. L'amertume de sa polémique le fit repousser par les républicains, l'audace de ses idées par les royalistes. Il échoua une troisième fois aux élections pour l'Assemblée législative, et ce fut un légitimiste authentique, M. Léo de Laborde, qui recueillit tout le fruit des luttes de l'homme qui, en attaquant les révolutionnaires, avait respecté la révolution.

VI

Découragé par tant de mécomptes , lassé de luttes ,
dégoûté du gâchis, comme il disait en sa langue énergique
et colorée , Gaston revint à Paris dans les premiers jours
de mai 1850. A ce moment, la Californie tournait toutes
les têtes. Des récits fantastiques arrivaient par chaque
courrier d'Amérique sur ce pays de l'or , où la fortune
avait de si étranges caprices. Un jour suffisait quelquefois,
disait-on , pour faire du dernier des misérables l'égal
du financier le plus opulent. Les matelots désertaient
les navires pour courir aux mines fabuleuses ; les soldats,
envoyés à leur poursuite, rompaient les rangs , jetaient
bas les armes et creusaient le premier filon venu. A
l'arrivée de M. de Raousset, Paris comptait déjà une
vingtaine de sociétés californiennes.

M. de Raousset avait trente-deux ans ; le temps des
étourderies était passé. Il commençait à voir la vie sous
un jour nouveau , et précisément à ce moment, où il eût
eu besoin de grandes ressources pour des entreprises
sérieuses , il se trouvait réduit en quelque sorte à l'indigence. Il n'était pas homme à se lamenter les bras croisés.
Son parti fut bientôt pris ; il irait demander au nouveau
monde cette fortune que la vieille Europe et la jeune
Afrique avaient dévorée.

Il fit appel à quelques amis , s'équipa rapidement , et
prit courageusement , à bord d'un steamer anglais , un

hamac de troisième classe. Où allait-il en réalité ? — Il
n'en savait rien. Au lieu de cet air épuisé d'une civilisation vieillie, il voulait respirer l'air libre, et, tête baissée,
il se jetait dans l'inconnu !...

Pauvre Gaston ! combien de mains ont cordialement
serré la sienne au départ, qui ne croyaient pas à la
dernière étreinte ! Combien de voix lui ont dit : au revoir,
sans se douter qu'elles disaient : adieu !

M. de Raousset a raconté dans une longue et charmante lettre son voyage de Southampton à San Francisco. Nous la donnons en entier, persuadés que le lecteur préférera son récit pittoresque à une narration de
nous, nécessairement moins fidèle et plus pâle.

« A bord de l'*Ecuador*, 22 juillet, par le 10° de lat., 84° de long.

» L'*Ecuador* est un petit steamer qui danse à cette heure sur la
grande houle du Pacifique. Malgré ces détestables conditions, je vais
essayer de t'écrire, mon cher ami, conditions mauvaises en effet, car
les plumes en fer me poursuivent jusqu'à tes antipodes.

» Il est midi ; le soleil est en ce moment perpendiculaire au pont
du navire. Le passager stupéfait cherche vainement son ombre ; la
houle est forte et mon chien hurle sur l'avant ; pauvre bête, comme son
maître, il aspire à la liberté. Singulier navire ! Le pavillon est anglais,
le capitaine américain, l'équipage un peu de partout. Du reste, il
marche bien, et si nous trouvons du charbon à *San Blas*, sur la côte du
Mexique, nous pourrons être dans vingt-cinq jours à *San Francisco*.

» Seul à bord, probablement, je pense et j'écris. Une centaine de
passagers sont vautrés, de çà, de là, dormant et suant, seules choses
que puisse faire un étranger dans ces torrides régions. Tout ce monde-
là vient des Etats-Unis, la plupart sont, d'origine, Espagnols, Allemands ou Français. La soif de l'or les traîne tous par le même chemin,

la Californie est au bout. Combien peu, sans-doute, y trouveront la satisfaction de leurs désirs, et moi-même, quel sort m'attend au terme de ce voyage!

» Certes! j'ai déjà bien souffert. Depuis mon départ de l'Europe, je vis aux dernières places, à peine nourri, point couché, confondu avec des goujats, j'ai encore vingt-cinq jours à subir cette existence. Loin de la voir s'améliorer, je la vois s'aggraver en Californie, cependant je ne me repens pas et je m'applaudis d'avoir pris cette résolution. Au milieu même de ma misère actuelle, et plus que jamais, je sens que je ne puis vivre en France, à moins d'y posséder la vigoureuse indépendance de la fortune. Y parviendrai-je? Dieu le sait. Moi, j'espère à peine. Je me trouve amené tout naturellement à penser à ta propre vie, mon cher E... Pauvre ami, comment fais-tu pour être malheureux? car tu l'es? Que te manque-t-il? à mes yeux, rien, puisque tu possèdes une bonne partie des choses que je désire, et qu'il ne tient qu'à toi de te donner le reste. Si à cette heure tu grouillais comme moi, pêle-mêle avec un tas de galapians, parqué dans un navire où l'on étouffe, avec de la viande salée et de l'eau exécrable; si tu en étais là, de quelle auréole charmante ta vie actuelle t'apparaîtrait entourée! Je te le disais à Paris, je te le répète aujourd'hui, essaye. Quitte la France avec six chemises et point de domestique, fais-toi misérable, mais réellement misérable pendant un an ou deux; voyage, fais le tour du monde, et quand tu retrouveras ta mère, Paris, tu ne penseras plus à te plaindre, tu seras heureux.

» Mais, niais que je suis, je te fais de la morale, je te donne des conseils... comme si cela servait jamais à quelque chose! Tu veux que je te parle plutôt de moi et de ce qui m'entoure. Laisse-moi maudire cette exécrable plume de fer et le navire qui roule, et je te satisfais.

» Je suis parti de *Southampton* le 17 mai, à bord de l'*Avon*, superbe steamer de 1,800 tonneaux. On assure que les passagers y jouissent de tout le confort imaginable. Le fait est que j'ai vu de vastes approvisionnements de moutons, de volailles et de légumes frais; une vache même était à bord; mais, ô malheureux E..., j'avais une place de matelot, et je ne puis te parler que de la viande salée et du biscuit de l'*Avon* On n'en meurt pas, c'est tout ce que je puis dire. T'imagines-tu ce que c'est que de se trouver sans transition, comme je l'ai fait, dans un cercle de matelots et de domestiques? La première heure est une heure cruelle. Certes, on ne manque pas de bonnes raisons qui font appel à plus de stoïcisme, mais pour moi, comme pour toi, la vie est faite de sentiments. Il y avait à bord une douzaine de Français, un vicomte de bon aloi, de Touraine, je crois, réactionnaire fougueux quoi-que ne manquant pas d'esprit, un gentilhomme breton, assez Gazette de France, bon diable et fort têtu; un M. de Navailles, payeur à la Guadeloupe, homme bon, spirituel et sensé; deux Bretons inoffensifs, quoique capitaines au long cours; un monsieur qui, ayant beaucoup voyagé, se croyait dans l'obligation de se montrer très-réservé; un épicier de Bordeaux, gasconnant comme un forcené, un M. Jocrisse, et enfin le frère d'un banquier californien. . . . . Ces MM. ont bien voulu reconnaître, après quelques jours de traversée, que je pouvais, quoique passager de l'avant, frayer avec eux sans les compro-mettre. Cette société m'a fait paraître le temps plus court, bien qu'en dignes Gaulois nous ayons braillé politique pendant les trois quarts de la traversée.

» Je devrais, mon cher E..., en bon voyageur, si je l'étais, te faire une description détaillée de Madère avec la pittoresque avant-garde de Porto-Santo. Ces paysages-là sentent le maître. Salvator n'eut pas mieux fait. Crêtes sombres dont les silhouettes hardies coupent le ciel, rochers calcinés que lèche l'indigo des vagues, horizon blanc, ciel de feu, tout cela, mon ami, vaudrait la peine qu'on charge sa palette ; mais songe que j'écris sur un pont qui tremble, et que mon amitié pour toi est seule assez forte pour m'empêcher de briser l'atroce bec de fer que je tiens entre mes doigts. Le moyen d'être peintre et poète dans de pareilles conditions !

» L'épicier bordelais me joignit sur le pont, en face de cette île, sœur des îles Fortunées, et m'apprit que Madère produit un vin fort estimé; je le remerciai du renseignement et l'assurai que j'en vérifierais l'exactitude à notre arrivée à terre. Quoique passager prolétaire, j'avoue que je n'y manquai pas. Il nous est mort à bord un major anglais qui allait à la Jamaïque ; mort d'eau-de-vie, s'il vous plaît, comme il convient à un major anglais. L'eau-de-vie l'a conduit au *delirium tremens* et de là au *tetanos*. Tu sais comment on *enterre à bord*. Le mort cousu dans un sac est jeté à l'eau. C'est assez triste.

» Le 5 juin, nous avons passé le tropique ; je m'attendais à quelques-unes de ces cérémonies qui faisaient la joie des vieux navigateurs ; mais le bonhomme Tropique n'est pas descendu par le grand étai, nous n'avons pas reçu le baptême. Le passage du tropique n'a donné lieu qu'à cette plaisanterie douteuse envers Jocrisse, le passager ; on lui a fait voir le tropique dans une lunette, il est convaincu qu'il l'a vu, voilà tout. La science vient, la poésie s'en va, le positivisme monnayé prend la place de la vieille gaieté de nos pères.

» Le 7 juin, nous avons jeté l'ancre à la Barbade. Ici, enfin, nous apparaît la population nègre dans toute sa profusion. L'Européen disparaît, le mulâtre occupe le haut du pavé. Le soir, nous eûmes un bal de femmes de couleur, bal très-décolleté, comme bien tu penses. Les mulâtresses sautaient aux sons du fifre agréablement accompagné du tambour de basque et du violon ; j'oubliais un basson qui ne faisait, ma foi, pas un mauvais effet. J'espérais voir la *bamboula*, la vraie danse qui convient à ces sauvages, et je n'ai trouvé que la contredanse importée par les Anglais et les robes à volants. Il n'est pas de colonie anglaise où le nègre ne cherche à paraître Anglais ; je te laisse à penser quelle caricature ce peut être qu'une négresse en chapeau rose, affublée d'une robe à trois volants. En somme, nous avons passé fort agréablement deux jours à la Barbade. L'île est petite, mais très-habitée, très-cultivée, très-florissante.

» De la Barbade à Saint-Thomas, nous longeons presque toujours les Antilles sur la droite. La mer est calme, le ciel constamment orageux. Contrairement à sa réputation, nulle part la mer des tropiques n'atteint la limpidité des parages d'Afrique.

» Le 11, nous étions à Saint-Thomas, beau port d'où le douanier est banni. Là, cher ami, j'ai acheté des filets, précaution que j'ai prise dans le cas où je serais obligé de gagner ma vie à San-Francisco. Je me ferai pêcheur. — Pêcheur, marchand de poisson quelle chute !

j'ai bien envie de déchirer cette lettre et d'attendre pour t'écrire que je sois ressuscité. Pécheur! c'est très-joli à rêver à l'ombre et au frais en prenant le thé... mais... Allons! du courage et en avant. On en revient. Que de philosophie je fais maintenant à l'aspect de ces filets. Philosophie, morale, raison, vous venez bien tard!

» Après Saint-Thomas, Porto-Rico, un pays comme tu n'en as jamais vu, un panorama comme tu en as pu rêver, un cadre dans lequel il semble que la vie doit être composée tout entière d'or, de lumière et d'amour. Imagination, faculté douce et cruelle à la fois, que me parles-tu d'amour, de lumière et d'or? L'Atlantique roule pesamment, les Américains mes compagnons ne laissent voir que des visages sinistres, j'ai la tête étourdie, et ma bourse est à peu près vide!

» Le 14 juin, Saint-Domingue, terre basse, végétation terne, le lendemain la terre se rapproche, s'élève, se boise, verdit et se colore : voilà bien notre belle colonie perdue, dont les révolutions ont fait le ridicule empire de Soulouque. N'ayant pas vu Sa Majesté, ni le duc de Trou-Bonbon, ni le baron du Petit-Trou, ni le prince de la Marmelade, ni le marquis de la Morue, je ne puis t'en parler sans m'exposer à de graves inexactitudes. Quant à leur pays, il est, hélas! plus beau que la Provence.

» Nous quittons la Jamaïque le 20, c'est la dernière des Antilles que nous verrons, terres bénies où l'homme devrait raffiner la vie et où il ne raffine que du sucre. C'est grand'pitié que de voir ce paradis terrestre ainsi désolé. Ici nous avons changé de navire, nous sommes à bord du *Dee*, autre navire anglais qui va nous porter à Chagrès. J'ai failli noyer mon bagage en allant à bord, juge de mes transes, mon magot était dans ma malle. Depuis ce jour, je le porte affectueusement autour de ma ceinture.

» Sainte-Marthe! Enfin, nous voici dans la véritable Amérique, l'Amérique espagnole. Des ruines, des mendiants, une race abâtardie, mélange hasardeux de tous les sangs, des fainéants qui pincent de la guitare, des femmes sur les balcons, des enfants tout nus, petits sauvages errant pêle-mêle avec les chiens. De loin en loin un moine, Basile à face plate; pas un navire, pas une barque dans le port, et tout cela dans un pays admirable : voilà l'Amérique espagnole telle que les révolutions l'ont faite. Après Sainte-Marthe, passons Carthagène et débarquons à Chagrès. C'est dans les environs de cette ville que débarqua Pizarre. Que ferait Pizarre aujourd'hui?

» Ici, mon ami, le voyage commence à devenir pittoresque. On remonte la rivière de Chagrès pour traverser l'isthme, mais ne pense pas que le voyageur ait pris possession de ces bords restés dans l'état où Dieu les fit. Le coche d'Auxerre à Joigny ferait lui-même une étrange figure dans les méandres de ce fleuve bizarre. Me voici couché dans une de ces pirogues dont les voyageurs nous racontent des merveilles, creusées dans un arbre, conduites à la pagaye par trois sauvages entièrement nus. De temps en temps, avec mon fusil, je m'amuse à tirer quelque héron qui passe ; l'écho du fleuve se réveille, des bandes de perroquets s'envolent en criant.

» Ne t'imagine pas que Chagrès soit une ville. Un vieux fort à l'entrée de la rivière se cache sous un manteau de verdure; quelques mendiants sang-mêlé y représentent la garnison ; sur la rive droite des huttes de roseaux posent pour une ville; il est vrai qu'en face de cette antiquaille espagnole, le drapeau constellé de la jeune Amérique flotte sur des maisons de bois d'un aspect plus moderne ; ceci c'est la conquête pacifique de l'industrie, l'Espagne et les États-Unis sont là côte à côte, mais ceux-ci vivent et l'autre dort pour ne se réveiller jamais.

» La rivière de Chagrès est d'une splendeur monotone. On chemine entre deux rideaux de verdure ; des arbres gigantesques, des arbustes d'espèces sans nombre, des plantes bizarres, des lianes sans fin plongent dans ses eaux vertes; des perroquets voltigent en criant dans cette frondaison bariolée comme eux; des singes escaladent les cocotiers, des serpents se balancent et se mêlent aux lianes; des caïmans se jouent dans le limon du fleuve. Ceci, mon ami, vaut bien la Durance et le Beuvron ; mais heureux celui qui ne succombe pas à la tentation de quitter leurs rives pacifiques.

» Nos sauvages ont pagayé jusqu'à dix heures du soir; un *pueblo*, un village, si tu préfères, marque cette station : j'ai passé la nuit dans la barque ; mes compagnons de route, plus délicats, sont allés se coucher sur une peau de bœuf avec le sol pour matelas et un caillou pour oreiller.

» J'ai pourtant pris d'excellent chocolat dans un de ces pueblos, d'autant meilleur qu'il était servi par une des plus belles créatures que j'aie vues de ma vie; une femme couleur de terre cuite avec des cheveux crépus; mais quelles lignes, quelles couleurs et quelles épaules! Ces bienheureuses épaules sont toujours nues; aucune espèce de corset n'emprisonne la gorge, gorge superbe, que souvent découvrent les ondulations d'une robe mal attachée. De tout ce que j'ai vu, depuis mon départ, ces épaules sont encore une des beautés les moins incontestables et les plus curieuses; j'eus tout le loisir de m'en convaincre la veille du jour de mon départ, au bal chez l'alcade de Crucès. Ici, enfin, je rencontrai quelque chose de ce que j'espérais dans les danses du pays. La gracieuse Espagne a laissé sur ces sauvages son cachet comme la roide Albion impose le sien à ses nègres.

» En sortant de ce bal, je rencontrai en pleine rue une table de jeu tenue par des Américains, une roulette, s'il vous plaît. Les muletiers, les bateliers viennent perdre là les dollars qu'ils extorquent aux voyageurs; je commençai par m'indigner et je finis par perdre six piastres.

» Sortons de Crucès, traversons l'isthme à dos de mulets et venons à Panama. Mais, avant d'y arriver, je veux te conter la rencontre que j'ai faite dans cet isthme, qui, comme le disent les journaux, est infesté de brigands. Nous cheminions, escortant nos mulets dans une gorge étroite et sombre, nos carabines au poing, l'œil au guet. Devant nous un encombrement s'était formé, des mules et des muletiers se battaient dans la boue; nous nous mîmes de mieux en mieux sur nos gardes et nous avançâmes. Il y avait là une vingtaine de mulets chargés chacun de deux caisses de médiocre apparence, cinq ou six hommes du pays marchaient auprès, les excitant de la voix et du geste. — Que portez-vous là? leur demandai-je. — De l'or, me répondit-on, comme on m'aurait dit : du cuivre. — Chaque mulet portait deux cents livres; fais le compte.

» Ces fortunes, ces dix fortunes étaient là sans escorte, au milieu d'une forêt vierge. Je regardai ma carabine d'un air honteux. Les habitants du pays doivent avoir une forte dose de gravité espagnole pour ne pas rire de l'accoutrement guerrier des étrangers qui passent. — J'ai décidément bien du mérite à t'écrire malgré cette plume de fer.

» Panama est encombré de voyageurs, un seul steamer était en partance, et imagine-toi, pour te faire une idée de l'embarras général, que l'épicier bordelais a payé 425 dollars un billet de troisième classe dont le prix est de 150 au bureau. Arrivé à Panama le 25, je crois, je n'en ai pu repartir que le 20 du mois suivant. Enfin, je suis en route depuis quatre fois vingt-quatre heures, et, dans quinze ou vingt jours, probablement, je saluerai la Californie.

» Panama nous a donné un avant-goût du pays. Voici ce qu'est un hôtel dans cette ville. Imagine une grande maison de bois occupée par des rangées de pliants sans draps, sans couvertures, sans matelas. De ces pliants, on en met tant qu'il peut en tenir. Le propriétaire de *Mansion-House*, mieux avisé, a fait construire tout autour de ses chambres des cases superposées, où s'insinue le voyageur. Chaises, tables et pots de chambre sont ici des meubles inconnus. J'ai vécu quinze jours caserné de cette manière, soigneux de mes affaires, comme tu me connais, et, quoique je fusse pêle-mêle avec des gens, qui, certes, ne sortaient pas de faire leur première communion, on ne m'a rien volé. Ce *lodejing*-là, mon cher, coûte un dollar par jour. . . . .

» Quant à Panama, la ville des moines, églises, couvents, remparts, tout est en ruines. Toute institution, si bonne qu'elle soit, périt par l'abus ; ceci est applicable surtout aux moines espagnols. Edifices ruinés, remparts, églises, couvents, canons abandonnés, population qui dort, c'est ici comme en Espagne.

» Ici surtout apparaît l'envahissement du Nord; pas une enseigne qui ne soit en anglais, les rues sont pleines de yankees graves, sales et osseux. Le Français se reconnaît à la barbe; l'Espagnol à quelque chose de monacal dans les allures; l'Allemand est largement représenté dans toutes les variétés de la grande famille germanique; toutes les modifications du nègre, depuis le Congo jusqu'au mulâtre blanc; l'Indien natif et l'Indien croisé d'Espagnol, croisement qui produit plastiquement une des races les plus belles; le Chilien aux longs cheveux et au regard doux ; je n'en finirais pas, mon cher ami, si je t'énumérais tout ce que l'on rencontre dans les rues de Panama. Mais, ce que le regard se plaît à chercher, ce sont les splendides épaules des-femmes jaunes de ce beau pays. Quand je dis jaunes, c'est que je subis involontairement l'influence d'un souvenir, car, du blanc européen au noir de Guinée, toutes les couleurs se rencontrent parmi les indigènes.

» Nous avons à bord plusieurs Américains qui retournent en Californie ; l'un a rapporté à New-York vingt mille piastres ramassées aux mines en quatre mois ; un autre a récolté treize mille piastres d'or en onze mois. Un de ceux-là offrait aujourd'hui à un capitaine de navire vingt dollars par jour s'il voulait travailler pour lui aux mines. Ces gens-là m'ont donné des détails de mœurs qui sont la chose du monde la plus fantasque. Le jeu, en Californie, est une fureur ; mais une fureur et une débauche magnifiques. On parle de tables de jeu sur lesquelles le banquier étale un million de dollars, et il se trouve un ponte pour faire *banco*.

» Adieu, je vais vérifier tout cela par moi-même, je franchis une cataracte, arriverai-je vivant ou noyé ? . . . . »

Le 22 août 1850, M. de Raousset débarquait à San-Francisco.

VII

La capitale de la Californie, renaissant pour la troisième fois de ses cendres, présentait, à ce moment, un spectacle des plus étranges et laissant bien loin les récits les plus accusés de mensonge et d'exagération. Dans ses rues à peine tracées, s'entassaient et grouillaient côte à côte, Anglais, Américains, Français, Chinois, Espagnols, Indiens, Portugais, Allemands, Arabes, Italiens, Tatars, Indoux, Peaux-rouges, Peaux-jaunes, Peaux de toutes couleurs.

Une ville de bois, pavée d'or; déguenillée, insolente, sordide, effrénée, étincelante; la liberté absolue, dans son épanouissement le plus sauvage; la loi de *lynch* pour tout code; point de magistrature, point d'armée, point de police, point de culte; une folie frénétique, une activité dévorante, une convoitise sans bornes; l'égoïsme le plus féroce partout, tel était San-Francisco, caravansérail du monde, Babel moderne avec la confusion des langues.

A San-Francisco, tous les pays avaient envoyé leurs échoués, leurs désespérés, leurs insatiables. Autour des roulettes en plein vent se heurtaient les débris des cinq parties du monde; anciens ministres, anciens notaires, anciens gardes mobiles, anciens dandys, anciens princes, anciens nababs, anciens chefs de tribus, anciens moines, anciens prêtres, anciens dieux. La femme seule manquait partout, — on s'en apercevait bien.

C'est encore à la correspondance de M. de Raousset que nous allons demander le complément du tableau.

« . . . . En savez-vous maintenant assez sur la Californie, pour vous faire une idée de ce que deviennent nos Français, nos *voyous* de Paris, nos anciens troupiers, notre plèbe remuante et passionnée, ignorante, brutale, spirituelle et enthousiaste, après deux ou trois ans de cette vie californienne? Ici, la licence individuelle n'est tempérée que par la résistance facultative de chacun. Le même homme est souvent et en même temps gendarme, juge et bourreau. . . . .

» Dans ce pêle-mêle, un marquis de *** est commis de son ancien coiffeur, passé banquier. Un ancien banquier, ex-millionnaire, sollicite une place de croupier dans la maison de jeu d'un ancien Hercule, qui manie aujourd'hui plus d'or qu'il n'a fait jadis de boulets de quarante-huit...... M. H......, ancien colonel de hussards, lave et repasse des chemises; un ex-lieutenant de vaisseau est porteur d'eau; le vicomte de.... est garçon de cabaret et aspire au jour où il passera cabaretier; je ne sais quel duc est décrotteur. . . . . Vous faites-vous maintenant une idée, je le répète, du dévergondage, de la licence, de la négation de toute loi où l'on arrive après deux ou trois ans de ce carnaval ? . . . . Et pourtant! avec cette justice fantasque, cette force armée nulle, cette police absente, cette organisation problématique, tout marche! O philosophes! ô politiques! ô théoriciens! ô gouvernocrates ! . . . . »

M. de Raousset arrivait à San-Francisco avec des ressources dérisoires pour un pays où le blanchissage d'une chemise coûte plus cher qu'en Europe la chemise neuve. Incapable de commerce, répugnant aux travaux serviles, il demanda son pain des premiers jours à sa carabine de chasse.

Mais le gibier, bien que prodigieusement abondant,

désertait déjà un pays où se trouvaient des tireurs aussi acharnés et aussi habiles que MM. de Pindray, Garnier, Gaston de Raousset et quelques autres. Cette ressource ne pouvait être que momentanée.

Le comte se rappela les filets achetés en route et se fit pêcheur. Il partait à deux heures du matin sur la baleinière et revenait le soir, de l'air dont Dioclétien devait vendre ses laitues, offrir sa pêche aux raffinés du port. La pêche rapportait à peu près de quoi vivre, mais une rencontre terrible qu'il fit par une nuit de brouillard, avec le *Sénator* (le plus grand des steamers américains), et dans laquelle il ne dut son salut qu'au hasard, le dégoûta de ce métier où le péril n'avait pas de compensations assez grandes.

M. de Raousset n'était pas venu en Californie, on le pense bien, pour gagner seulement son pain : il comprit bien vite qu'il fallait sortir de la fantaisie s'il voulait arriver à un résultat. Le mouvement du port était incroyable ; en travaillant résolûment de ses bras, il y avait de l'or à gagner. Le comte endossa bravement la chemise rouge du leiter-man, acheta un chaland, prit avec lui deux matelots et se mit à décharger les colis des navires qui arrivaient en rade.

Après quelque temps de ce rude métier, il s'associa à un Français, M. de la M....., dont l'apport numéraire permit d'acheter trois chalands nouveaux. Les affaires de l'association prospérèrent pendant un certain temps. En une semaine on eut jusqu'à 500 piastres de bénéfice net, et cependant le dernier matelot coûtait 5 et 6 piastres par jour. M. de Raousset et M. de la M..... étaient à l'ouvrage dès l'aube ; ils travaillaient tout le jour comme des manœuvres, puis, la journée finie, l'habit noir remplaçait la vareuse, les gants blancs couvraient les mains meurtries, et les deux gentilshommes se promenaient en dandies par la ville ou allaient prendre le thé au consulat de France.

La prodigieuse activité des Américains devait bientôt ruiner l'industrie des deux amis. En moins de trois mois, un Warff, travail gigantesque, fut établi jusqu'au milieu de la rade. La décharge des navires se fit directement sur le Warff, et il fallut vendre à vil prix le matériel d'une exploitation désormais impossible.

Cette vente, disons-le bien vite, se fit sans trop de regrets. Le spectacle qu'il avait sous les yeux, les rapports des mineurs, les légendes locales, tout avait concouru à reporter les idées de M. de Raousset sur la possibilité d'une vaste entreprise. Avant d'y songer sérieusement, il fallait sonder le pays, le connaître *de visu* : n'étant pas assez riche pour faire ce voyage en amateur, M. de Raousset en fit le prétexte d'une spéculation.

A cette époque, sur la place de San Francisco, une vache et son veau se vendaient quatre-vingts piastres ; à *San Diégo* et à *Los Angeles*, à quelque deux cents lieues, dans le sud, la même vache coûtait de quinze à vingt piastres seulement. L'affaire était belle à tenter en grand. Les deux amis prirent un troisième associé, nommé Hernando Cortez, et s'embarquèrent sur le Pacifique. Quinze jours après, ils débarquaient à *San Pédro,* à quelques lieues de *Los Angeles.*

Arrivés en cette dernière ville, ils achetèrent des chariots, des mules de bât, et franchirent à cheval les cinquante lieues de pays qui les séparaient de San Diégo.

A San Diégo, contrairement à tous les rapports, les vaches se trouvèrent plus chères qu'à *Los Angeles* ; il fallut revenir sur ses pas.

Enfin, après bien du temps perdu en va-et-vient inutiles, un troupeau de vaches et de veaux fut acheté, et l'on reprit la route de San Francisco par les plaines, entre la mer et la *Sierra névada*.

Ce voyage de retour dura près de trois mois et fut des plus pittoresques. Les vaches vendues comme vaches domestiques étaient plus qu'à demi-sauvages, et la conduite du troupeau se compliquait de mille difficultés. On campait chaque soir autour de grands feux, et chacun des associés avait à faire, à tour de rôle, une faction de deux heures, en vue des attaques possibles des Indiens *brancos* et des grands ours de la Sierra.

Les incidents ne manquaient pas ; tantôt le troupeau, pris d'*estampide*, s'enfuyait en désordre, et c'étaient des heures de courses en tous sens pour rassembler les bêtes effarouchées ; tantôt une bande de *coyotes*, effrontés voleurs, venait jusqu'au milieu des feux, ronger les *lazzo* en cuir qui entravaient les chevaux. Une autre fois l'alerte était donnée par une bête fauve, poussant, au milieu du silence, un rugissement redouté.

On traversait un pays splendide, d'une végétation luxuriante, peuplé de *puéblos* clairsemés. A perte de vue, des avoines sauvages, hautes de cinq et six pieds, ondulaient comme une mer aux moindres bouffées du vent des côtes : des *ranchos* s'échelonnaient le long des fraîches rivières qu'on traversait à gué ; de loin en loin, apparaissaient des bouquets d'arbres vingt fois séculaires, chênes immenses, peupliers gigantesques que jamais l'homme n'avait outragés et dont l'antilope et le chevreuil aimaient l'ombre. A chaque pas, des lièvres partaient sous les pieds mêmes des mules ; des compagnies de perdrix s'élevaient à grand bruit d'ailes, des coqs de bruyère s'envolaient en criant. Le rôti du soir était toujours à portée de carabine.

Par moments, il fallait quitter les plaines et s'engager dans la Sierra. Le contraste était saisissant : de grandes roches nues, étincelantes au soleil ; des terrains arides, d'où surgissaient quelques arbustes rares et rabougris ; des mousses courtes et calcinées ; çà et là, dans les crevasses des rochers, à leur ombre, quelques touffes de lavandes. Aussi avec quelle joie, au sortir des montagnes, on retrouvait ces oasis merveilleuses, coupées d'eaux vives, ombragées de grands chênes, parsemées de rosiers sauvages, couvertes jusqu'à l'horizon d'avoines géantes !

De temps en temps on abattait un veau : l'air était si pur que la viande, pendue par quartiers à l'arçon des selles, se desséchait sans se corrompre. Le calme silence de cette solitude inviolée avait des influences pénétrantes et des tentations irrésistibles. On se sentait vivre avec plénitude, sans désirs, sans regrets : le monde entier disparaissait en quelque sorte ! Que de fois, étendus à l'ombre au bord de l'eau, les trois amis se sont-ils écriés : « A quoi bon aller plus loin ? »

C'était toujours M. de Raousset qui, le premier, se réveillait et rompait le charme énervant. Son activité dévorante résistait même à ces langueurs des savanes, dont les plus hardis voyageurs ont subi l'influence. Toujours en courses, de côté et d'autre, il fit quatre à cinq fois les deux cents lieues qui séparent *Los Angeles* de San Francisco. Mais, en revanche, il put se vanter à bon droit de connaître le pays, rancho par rancho, et de savoir les noms de ses moindres recoins.

De *Monteray* à *San José*, le chemin n'est qu'une lande immense et désolée. M. de Raousset se sépara de la petite caravane et alla seul, en avant, en éclaireur. Un grand désappointement l'attendait à San Francisco ; grâce à l'arrivée du bétail (1) américain, grâce surtout à l'annonce de nouveaux convois, les vaches valaient à peine 25 et 30 piastres !..... C'était trois mois de fatigues, de dangers et de rude labeur complétement perdus. Décidément M. de Raousset n'avait pas la main heureuse pour le commerce : il rejoignit ses compagnons à *San José* et raconta piteusement l'état des choses. La déconvenue était grande, mais on s'était donné trop de mal pour pouvoir se contenter de rentrer, tout juste, dans l'argent déboursé. A *Stokton*, qui est l'entrepôt des mines du Sud, le placement avantageux était certain, disait-on. On partit pour Stokton, et ce long voyage s'allongea encore de quinze jours. Là enfin, vendu directement aux gens des *placers*, le troupeau fut d'assez bonne défaite ; mais, en somme, la spéculation sur les vaches et les veaux du Mexique fut plus pittoresque que lucrative. C'était encore de la fantaisie.

(I) Cette préférence pour le bétail américain est des plus concevables. Une vache mexicaine est toujours plus ou moins sauvage : pour la traire, il faut la *lasser*, lui attacher les pieds de derrière et permettre à son veau une forte prélibation. La vache américaine, au contraire, est un animal domestique.

VIII

De retour à San Francisco, dégagé de toute association, dégoûté pour longtemps des spéculations commerciales, Gaston se donna tout entier à la grande idée qui, après avoir longtemps confusément bouillonné dans sa tête, venait de prendre enfin une forme précise.

Malgré les immenses ressources d'un sol sans égal, le Mexique se dissolvait, frappé d'épuisement dans sa race, dans son administration, dans son armée, et devenait chaque jour une proie plus facile et plus tentante. Depuis la guerre dite de l'Indépendance, son gouvernement appartenait à toutes les dictatures de hasard que les révolutions font surgir chez les races qui finissent : il n'existait qu'à l'état d'occupation militaire et violente. Aucune probité, aucune pudeur, aucune idée politique. Le plus fort renversait le plus faible et pillait les caisses publiques quand le vaincu n'avait pas eu le temps de les emporter avec lui. Il n'était pas rare, le lendemain même du vote d'une constitution, de voir un commandant de province se *prononcer*, marcher sur la capitale, s'en emparer et donner au pays une constitution nouvelle qui durait ce qu'elle pouvait. Les partis triomphaient tour à tour, mais la politique restait la même, inepte et stérile. Sans être prophète, on pouvait prédire, à coup sûr, le jour où ce puissant empire, déjà cruellement disloqué par ses voisins redoutables, disparaîtrait, province à province, dans l'Union américaine.

Le rajeunissement était certain par la fusion anglo-
saxone, apportant un sang jeune et chaud dans ces veines
apauvries, mais une résistance puissante, quoique passive, s'y opposait. D'un bout du Mexique à l'autre, la
haine du yankee était profonde et vivace. Malgré l'exemple
récent du Texas, malgré sa prospérité soudaine et
éloquente, la race espagnole, au milieu de son abais-
sement, trouvait un reste d'énergie contre l'invasion du
Nord. Partout M. de Raousset l'avait constaté, et ses idées
s'en étaient affermies.

D'autre part, l'émigration française en Californie,
disséminée sans lien, sans action, végétait méprisée des
Américains, respectée seulement dans quelques indivi-
dualités. Groupée, centralisée, elle pouvait devenir
redoutable et féconde. Quelques essais avaient été tentés
déjà : une compagnie de 150 hommes, sous les ordres
de M. de Pindray, avait pénétré en Sonore. Mais c'étaient
des tentatives tout individuelles, sans plan d'ensemble,
et dont le désastre ne prouvait rien (1). Former un noyau
vigoureux, prendre possession d'un point important du
pays, y attirer petit à petit l'émigration laborieuse et
élever contre l'invasion des Etats-Unis une vaillante barrière française, telle fut l'idée de M. de Raousset, idée à
laquelle il a tout donné, jusqu'à son sang.

M. Dillon, consul de France à San Francisco, entra
dans ses vues et se prêta avec une obligeance parfaite à

---

(1) La mort de M. de Pindray est restée un mystère. D'après les uns, il
se serait fait sauter la cervelle; d'après des versions plus récentes, on la
lui aurait brûlée.

le mettre en rapport avec des gens importants, capables de le seconder. La question fut retournée sous toutes les faces. La nécessité de s'entourer de Mexicains fut reconnue unanimement, et sur une lettre de M. Levasseur, ministre de France, M. de Raousset partit pour Mexico, et vint soumettre ses plans à une maison de banque considérable, la maison Jeker Torre et Comp.

Voici quels étaient ces plans.

Les mines d'*Arizona*, depuis longtemps abandonnées, à cause du voisinage terrible des Indiens Apaches, étaient reconnues pour les plus riches et les plus facilement exploitables de la Sonore. Il s'agissait d'en obtenir la concession du gouvernement mexicain, d'y attirer l'émigration française, d'en chasser les Indiens, et de rendre un pays magnifique, tous les jours reconquis par le désert, à la civilisation, à la richesse.

Après deux mois de pourparlers, M. de Raousset avait vaincu toutes les difficultés; la compagnie *Restauradora* était fondée, et une concession régulière lui était faite par le général Arista, président de la république mexicaine (17 février 1852).

Deux autres mois après (7 avril 1852), M. de Raousset signait un traité particulier avec la maison Jecker Torre et compagnie, agissant comme directeurs de la compagnie *Restauradora*.

Aux termes de ce traité, M. de Raousset s'engageait à débarquer le plus tôt possible à Guaymas, en Sonore, avec une compagnie française, armée et équipée en guerre, de cent cinquante hommes *au moins*.

Un agent de la compagnie devait l'attendre à Guaymas et explorer, de concert avec lui, les parages d'*Arizona*, y reconnaître les mines, et en prendre possession au nom de la société.

Vu les difficultés de tous genres qui s'opposaient à l'exploitation de ces mines, l'autorité compétente avait fixé un laps de temps pendant lequel la compagnie Restauradora était *seule* autorisée à prendre possession d'Arizona.

La compagnie française, on ne saurait trop le répéter, devait être *armée et organisée militairement*. Sa mission expresse était de protéger l'exploitation des mines contre toute agression des Indiens Apaches, terreur du pays.

La société Restauradora faisait tous les frais de l'expédition. M. de Raousset devait trouver à Guaymas des vivres et des munitions ; trente mille rations devaient en outre l'attendre au *Saric*, à mi-route de Guaymas à Arizona.

Pour sa part, M. de Raousset avait cession de la moitié des terrains, mines, placers découverts et à découvrir.

Tel était l'objet nettement défini de l'expédition ; telle est son origine authentique. En France, ce n'eût été qu'un traité très-clair, ressortissant tout au plus de la juridiction d'un tribunal de commerce ; au Mexique, le traité, à peine signé, devint une affaire d'Etat, un germe de guerre civile, sans autre solution qu'une retraite honteuse ou une revendication par les armes.

IX

Parmi les membres fondateurs de la société *Restaura-dora*, figuraient M. Levasseur, ministre de France à Mexico, et M. Aguilar, gouverneur constitutionnel de Sonore.

Le ministre de France s'intéressait vivement au succès d'une entreprise qui, selon ses expressions, n'avait pas pour but de satisfaire seulement un intérêt personnel. Dans sa pensée, l'expédition d'Arizona n'était qu'une tentative. Le succès devait ouvrir une terre de plus à l'émigration de tous les pays où la terre manque au travail de l'homme. C'était une grande et généreuse idée dont il est superflu de montrer les conséquences sociales. M. de Raousset s'y dévouait avec enthousiasme; le gouvernement mexicain avait promis de favoriser la colonisation, et les peuples de la Sonore la considéraient comme un bienfait providentiel.

M. Levasseur remit à M. de Raousset des lettres de recommandation pour M. le consul de France à San Francisco, pour l'agent consulaire de France à Guaymas, pour le général Blanco, chef militaire de la province de Sonore, pour M. Aguilar, gouverneur constitutionnel, et pour M. Cuvillas, gouverneur par intérim. Ces trois fonctionnaires avaient fait, en faveur de l'émigration, les plus chaudes protestations de protection et d'appui.

Garanti par un aussi haut patronage , associé à une
compagnie *mexicaine* composée d'hommes respectables ,
porteur d'un titre légal à une propriété déterminée, assuré
d'avance de la sympathie du pays , entouré d'hommes
sûrs et résolus , M. de Raousset pouvait, sans témérité ,
considérer son entreprise comme désormais assurée. Il
revint en toute hâte à San Francisco et leva immédiatement
une compagnie de deux cent soixante - dix hommes.
Depuis longtemps déjà son personnel était choisi , et la
besogne fut facile. Dans une lettre curieuse , il a esquissé
les profils de quelques uns de ses compagnons :

« . . . . Lenoir est un homme d'élite ,
ancien officier de cavalerie, d'un haut mérite , d'une bravoure à toute
épreuve , mais un peu ruiné par de grands malheurs et quelques excès
de boisson, ce qui paralyse un peu ses bonnes qualités. . . . .

» Lefranc, esprit élevé, tête bien organisée et résolue, croyant comme
un fanatique, et confident intime de mes projets les plus hardis........

. . . .

» Fayolle, imagination exaltée, de l'esprit jusqu'au bout des ongles.
Il avait été capitaine dans la garde mobile , viveur à Paris , acteur en
province, brocanteur, pâtissier, marchand de fleurs , tout ce qu'on
voudra ! Il disait n'avoir jamais mangé de sa pâtisserie , parce qu'elle
était trop sale. . . . .

» Garnier, autrefois homme du monde, joli garçon, garçon d'esprit.
Il avait été, comme moi, chasseur à San Francisco , puis briquetier ,
charbonnier, bûcheron. C'était un homme froid et plein d'énergie. . . .

. . . . ! . . . .

» Martincourt, Henaut, Blachot , tous trois officiers de la garde
mobile, des gens sûrs et dévoués ; Barchet, ex-maréchal des logis
d'artillerie ; Blanc, vieux sergent-major, qui avait douze ans d'Afrique ;
Taillandier, ex-adjudant, joli garçon, toujours coquet et de joyeuse
humeur ; un véritable enfant de Paris. . . . .

3 *

La masse se composait presque exclusivement d'anciens soldats ou d'anciens marins ; une quarantaine seulement étaient de purs aventuriers, à bout de ressources, d'une soumission douteuse, braves du reste, comme des gens qui ont tout à attendre de l'inconnu.

L'organisation militaire de la compagnie fut rapide : le 1er juin 1852, elle débarquait à Guaymas.

Sa bonne tenue, son allure, son armement charmèrent la population sonorienne. Toute la ville fut sur pied pour recevoir et fêter la petite troupe. Il est très-important de constater que son extérieur militaire ne souleva pas même une observation de la part des autorités. Ne pouvant la recevoir avec des salves d'artillerie, parce que les canons leur manquaient, elles firent sonner les cloches pendant le débarquement. Le soir même et les jours suivants, des patrouilles de nuit eurent lieu sur leur demande. Sur leur demande également, une escorte de soixante hommes accompagna la procession de la Fête-Dieu : quarante coups de canon furent tirés par les Français pendant la cérémonie.

M. de Raousset a raconté avec une grande gaieté son séjour à Guaymas, dans une lettre tout intime, dont nous extrayons les passages suivants. . . . .

. . . . . : « Nous voilà donc à Guaymas : mes hommes étaient casernés dans une vaste maison pourvue d'une cour intérieure. (Elles sont toutes ainsi.) Je les réunis et je fis là certainement la meilleure harangue que j'aie débitée de ma vie. Or, si j'en dois croire un feuilleton que j'ai reçu à San Francisco, j'en ai quelquefois prononcé de très-bonnes. Ils sortirent enthousiasmés et burent si bien à ma santé, que deux heures après il eût été difficile de décider quel était le moins ivre. Heureusement le Français a rarement le vin mauvais ; il tourne au gai et au tendre. Cette *sobriété* fut soigneusement entretenue pendant trois jours.

» Les autorités s'étaient déchargées sur moi du soin de maintenir l'ordre. Des patrouilles régulières parcouraient la ville nuit et jour et ramassaient les ivrognes tapageurs. Notez que la patrouille était toujours aussi imbibée que le commun des martyrs, mais j'avais si bien exalté chez ces gens-là le sentiment du devoir, que même dans l'ivresse ils en demeuraient pénétrés.

» Que de charmants épisodes il y aurait à raconter sur ce séjour à Guaymas ! Je vous laisse à penser si mes Gaulois firent des caprices parmi les Mexicaines ! J'en connais un, un beau sacripant, ex-sous-officier de lanciers, qui, avec quelques amis, a bu jusqu'au dernier flacon d'un magasin de liqueurs dont la maîtresse lui avait trop prouvé qu'elle le trouvait à son goût. D'Artagnan s'était contenté de quelques poulardes chez la belle Madeleine !..... J'ai retrouvé là, à Guaymas, la race, partout perdue, des taverniers complaisants. Un de ces braves, avait une femme qui lui fit partager son enthousiasme pour les Français, au point d'ouvrir un crédit à toute la compagnie. Tous n'en profitèrent pas, mais en vingt-quatre heures notre homme vendit pour 1,500 fr. de petits verres. Si l'on ne consomma pas davantage, c'est qu'il eût la malencontreuse idée de présenter sa note. — Les consommateurs lui donnèrent leur signature. . . . .

. . . . « Il y a de tout dans ces quelques jours. Des fenêtres escaladées, des maris infortunés, des duels, des processions, des bals, des représentations théâtrales, et surtout énormément de pots cassés ; il y eut de mes porte-guenilles qui, dans une journée, gaspillèrent très-galamment un billet de mille francs.

. . . . » N'oubliez pas que cependant l'autorité demeurait vivante et absolue au milieu de ce gâchis. Un de ces hommes, étant ivre sans doute, refusa de payer après avoir bu. Ses camarades eux-mêmes sont venus m'apprendre qu'il avait dit : — Bah ! nous sommes les maîtres dans ce pays, nous, nous ne payons pas ! C'était une occasion de faire un exemple ; je la saisis. Le lendemain matin, devant la compagnie entière, sous les armes, je dégradai et chassai honteusement cet homme... C'était un Belge......

Pour l'intelligence de ce qui va suivre, il nous semble indispensable de dire en quelques lignes ce qu'était l'Etat de Sonore, au moment où la petite troupe française y mettait le pied.

La Sonore a été longtemps la plus riche et la plus florissante des provinces mexicaines. Elle s'étend entre la mer Vermeille et la *Sierra-Madre*, entre le 27e et le 33e degré de latitude. Qu'on se figure un archipel dont les îles seraient des montagnes, dont la mer serait une plaine; telle est, malgré l'audace de la comparaison, la physionomie réelle du pays. Fermée au nord par un assemblage de montagnes agglomérées sans ordre par des convulsions volcaniques, la Sonore n'a pas cet aspect d'ensemble qui caractérise les grandes sierras. Deux pentes principales se réunissent à des plateaux supérieurs qui, du golfe de Corte, vont joindre la Sierra-Madre. Au nord, elles descendent vers le *Rio-Gila;* au sud, elles se confondent avec les plaines inférieures de la basse Sonore. A travers ces montagnes circulent des vallées larges et fertiles, arrosées d'eaux vives, ombragées d'arbres superbes, où croissent, côte à côte, les produits de toutes les zones. Le blé, la canne à sucre, la vigne, l'oranger, tout fleurit et mûrit dans le même sillon. Le cotonnier est indigène sur les rives du *Rio-Gila* et du *San Pedro*, dans ces mêmes contrées où la tradition place les palais des Astèques, les palais aux toits d'or et aux portes d'argent. Tous les métaux, sans exception, ont été jetés pêle-mêle dans la fournaise ardente de ses sierras. L'argent, ainsi

que le cuivre, s'y trouvent à l'état vierge, par grandes
masses ; l'or y veine les marbres, les pierres y suent le
mercure.

Dans les premiers temps de l'occupation espagnole,
des colonies militaires, établies sous le nom de *présidios*,
s'élevèrent dans ce groupe de montagnes. Les principaux
étaient l'*Altar*, *Tubac*, *Tuscon*, *Santa Cruz*, *Fronteras*,
dont la capitale *Arispe* formait le centre, et quelques
autres qui dépendaient d'*Arispe*. L'établissement des
missions précéda quelquefois celui des *présidios*. Ces
missions civilisaient de leur mieux les Indiens indigènes,
les amenaient à la vie sédentaire, donnaient souvent naissance à des centres importants, et s'entouraient de
villages indiens, aujourd'hui disparus.

Les *pueblos*, petites villes dues à l'industrie individuelle,
au groupement volontaire des colons, s'étaient multipliés
le long des rivières. Le pays entier était semé de *ranchos*
où florissait l'agriculture pastorale. Des milliers d'animaux couvraient la Sonore (1). Un nombre considérable
de mines extrêmement riches étaient en exploitation.
L'abondance régnait partout ; l'or et l'argent circulaient
dans toutes les mains ; *pueblos*, *présidios* et *ranchos*
jouissaient avant la guerre de l'Indépendance du plus
haut degré de prospérité.

Le gouvernement espagnol entretenait dans les présidios des garnisons qui faisaient une guerre incessante
aux Indiens Apaches et donnaient au pays cette sécurité
qui est le premier des besoins sociaux ; aujourd'hui, avec

(1) La seule mission de *Cocospéra* en compta jusqu'à 60,000.

cette sécurité, toute richesse territoriale a disparu. Privés de leurs garnisons, les présidios ne sont plus d'aucun secours. En trente ans, les Indiens ont réduit ce pays à la plus profonde misère. La dévastation n'a laissé derrière elle que des ruines, des larmes et des croix sinistres plantées le long des chemins. La civilisation s'éteint et le désert s'agrandit. Tout ce qui n'est pas dans l'extrême voisinage des villes qui restent, est inculte et ravagé.

« C'est un spectacle navrant, dit M. de Raousset dans une de ses lettres, que de voir ces belles plaines rendues au silence de la solitude, ces ranchos vides et ruinés, ces pueblos dont les murailles tombent, ces églises dépouillées même de leurs prêtres, ces populations misérables et abruties, ces présidios où quelques soldats déguenillés et tremblants, représentent les fiers Castillans d'autrefois, les descendants des compagnons de Cortez. De la prospérité qui régnait il y a quarante ans, le souvenir seul a survécu; mais avec lui s'est perpétué le respect de ceux à qui elle était due. Les populations de ces malheureuses frontières n'oublient pas qu'elles ont dû leur ancienne sécurité à la vigueur du gouvernement espagnol. Vainement aujourd'hui la demandent-ils aux successeurs imbéciles des vice-rois; toute comparaison entre les deux pouvoirs aboutit à d'amères récriminations contre Mexico. . . . . » On peut parcourir, au cœur du pays même, des espaces de quatre-vingts à cent milles, sans y rencontrer à peine une ferme à moitié démolie, dont les malheureux habitants n'existent que par l'oubli des Indiens. On y élève par troupeaux sauvages des bestiaux et des chevaux, dont les Apaches volent la plus grande partie. Le sol est inculte, et nulle part la main de l'homme ne laissa une trace dans ces espaces sans horizon. Au nord, sur une étendue de huit à dix degrés superficiels, il *n'existe pas un habitant*. Des bandes de chevaux et de bœufs sauvages, restes des beaux troupeaux qu'élevait la génération passée; des ruines de maisons, des ruines de forts, des ruines d'églises, des ruines de villages; et autour de ce désert, des ruines d'hommes qui tremblent et des femmes qui pleurent !

. . . . »

Ce tableau n'a rien de chargé. Ainsi que le faisaient les rois d'Espagne , la république mexicaine envoie des commandants généraux, elle leur donne de l'argent, des soldats et le pays à protéger contre les incursions des barbares. Mais jusqu'à ce jour la Sonore n'a guère vu dans ses commandants généraux que des agioteurs voués à sa spoliation. La guerre aux Indiens n'est plus que le charlatanisme des vénalités militaires ; lors même qu'on tenterait de la faire, les forces dont on dispose sont dérisoires, composées de mauvaises troupes , mal payées , mal instruites , mal commandées. Les habitants , réduits à se protéger eux-mêmes, dépourvus d'organisation, quelquefois de courage , s'en prennent aux commandants généraux des affreuses déprédations commises par les Indiens ; ils s'indignent, à bon droit, de voir la fortune des fonctionnaires grandir dans la même proportion que la misère publique.

X

Dès le 1er juin, jour de son arrivée, M. de Raousset écrivit au gouverneur et au général. Ses lettres répondaient d'avance à toutes les questions ; ses déclarations d'obéissance aux lois, de respect pour la nationalité mexicaine, de dévouement à ce pays dont lui et ses compagnons attendaient l'hospitalité, étaient empreintes de la loyauté qui caractérisait l'homme. Il attendait la réponse avec une confiance absolue.

Qu'on juge de son étonnement lorsque le général, prétendant n'avoir pas reçu cette lettre en temps utile, feignant d'apprendre le débarquement des Français avec la plus grande surprise, lui intima l'ordre de s'arrêter à Guaymas, sous prétexte qu'il n'était pas encore fixé sur leurs intentions.

M. de Raousset écrivit à M. le ministre de France à Mexico, pour se plaindre des difficultés qu'on soulevait devant lui ; voici quelques lignes péremptoires de la réponse de M. Levasseur en date du 13 juillet :

« Si le général s'était rappelé ce que j'eus l'honneur de lui dire peu de jours avant son départ de Mexico, au lieu de s'alarmer, il se serait réjoui de votre arrivée, et, sans perdre de temps, il vous aurait envoyé en avant-garde contre les barbares dans la direction d'Arizona, but et objet de votre entreprise. J'aurais cru qu'il m'avait compris ; je me suis trompé. »

Cette lettre du ministre de France passa sous les yeux du général Blanco. Le général persista.

Que s'était-il donc passé entre le 7 avril et le 1er juin ? M. de Raousset le sut bientôt.

Une société rivale de la compagnie *Restauradora* s'était formée à Mexico et en Sonore pour lui disputer la propriété d'Arizona.

A la tête de cette compagnie était la maison Barron, agissant sous les noms de Forbes et Oceguera.

La compagnie Barron avait contre elle la loi et le droit. Mais au Mexique c'est la moindre des choses. Une ligue fut rapidement organisée et tellement puissante, que la loi et le droit purent être impunément vilipendés à son profit. En tête de la ligue figuraient le général Blanco, M. Cuvillas, gouverneur par intérim, et M. Calvo, vice-consul de France à Guaymas et négociant de ce port. Quant à M. Aguilar, gouverneur constitutionnel de la province et que nous avons cité parmi les fondateurs de la Restauradora, il avait sans plus de scrupules accepté un intérêt dans la compagnie rivale, trouvant sans doute plus simple de prendre de toutes mains.

Nous ne voulons pas, on le conçoit, nous faire ici l'écho de toutes les accusations qui ont été depuis portées contre chacun de ces messieurs. La lecture des journaux californiens de cette époque est des plus curieuses. En France, un homme serait perdu sans retour avec le quart des imputations de cette presse libre et violente.

La compagnie française avait déjà pris pour l'intérieur des passeports que les autorités de Guaymas lui délivrèrent sans difficulté, avec autorisation de conserver ses armes. Le commandant-général annula ces passeports et suspendit impérativement la marche de la compagnie. Le plan du général est visible.

La compagnie française, retenue pendant un mois à Guaymas, soumise à l'influence d'un ciel ardent, aux mauvais conseils de l'ennui et de l'oisiveté, se découragerait, se démoraliserait et se détruirait toute seule. Pendant ce temps, un M. Daste, agent de la compagnie Barron, pourrait parcourir Arizona, en reconnaître les mines et en prendre possession sous l'escorte même des troupes du gouvernement.

Vainement M. de Raousset épuisa, près des autorités, les remontrances et les prières. Protestations, soumissions, preuves de dévouement cent fois données, tout échoua contre des consciences vendues. Au moment du départ de Guaymas, les tentatives de dissolution furent poursuivies avec plus d'astuce et plus de ténacité que jamais. Intimidation, calomnie, mensonge, encouragement à la désertion, tout fut mis en usage.

M. de Raousset avait pris les devants et attendait ses hommes à Hermosillo ; cette absence fut mise à profit, comme le prouve la lettre suivante. Cette lettre donnera en même temps une idée de l'empire moral que M. de Raousset avait su conquérir sur ses hommes :

. . . . « J'étais à Hermosillo ; inquiet de ne pas voir arriver mes volontaires, sans nouvelles d'eux, je fis partir en courrier un des hommes de mon escorte. Le lendemain, mon homme me revenait tout pâle et tout désolé. Son rapport était déplorable. Il n'y avait plus de chefs, plus de soldats, plus de discipline. On n'entendait que des malédictions ; c'était la révolte. Une heure après, je galopais sur la route de Guaymas.

» La compagnie était campée en désordre auprès d'un *rancho* qu'on appelle *la posa*. Chefs et soldats, tout était confondu : ce n'était plus qu'un pêle-mêle. Deux chariôts brisés avaient été abandonnés ; des malades laissés en route, des armes jetées. On parlait, on vociférait, on demandait des *élections*. On avait rédigé tout un manifeste de quatre grandes pages qu'une *députation* devait me présenter. C'était de la belle et bonne anarchie.

» J'avais le malheur, mon ami, d'avoir des avocats et d'anciens notaires parmi mes volontaires. Ne prévoyant pas mes difficultés avec le gouvernement mexicain, j'avais admis un peu de tout. J'aurais dû n'avoir que d'anciens soldats.

» Les agitateurs étaient donc un avocat nommé D....., C...., ex-notaire, un commis ex-socialiste et poltron, un tailleur ex-garde mobile et d'autres animaux de la même farine. L'affaire était grave. Il s'agissait de réformer tous les chefs que j'avais nommés et d'accepter le système électif.

» Je reçus la réclamation signée par toute la compagnie, je répondis que je ferais connaître plus tard ma détermination, et fis sur-le-champ sonner l'assemblée. La compagnie rangée en bataille, chaque officier, sur mon ordre, reprit son commandement, et tout partit en colonne, au pas militaire, comme si rien ne s'était passé.

» Nous marchions par une nuit magnifique ; ce fut une promenade. Cependant, cette dernière étape, qui terminait un désastreux voyage, eut encore ses accidents. Une de mes petites pièces de campagne, attachée derrière un chariot, heurta contre une souche, chavira et reçut des avaries qui ne lui permettaient pas de continuer. Je la remorquai moi-même avec mon cheval et un *lazo*, jusqu'au *rancho* que nous venions de quitter. C'est en ne se montrant jamais embarrassé et en agissant ainsi soi-même, qu'on arrive à prendre un ascendant irrésistible sur des natures violentes qui n'admettent un frein qu'à condition de l'accepter volontairement et qui s'en débarrassent dès qu'elles sentent faiblir la main qui les gouverne.

» Après la pièce de canon, ce fut le chariot ; un essieu cassa. Le chariot portait des malades. Un quart d'heure après, l'un d'eux rendait le dernier soupir. On fit halte...

» Il était nuit ; le pays était une plaine aride, accidentée par une
végétation fantasque : des arbustes dont les racines mordent dans le
caillou et dont la frondaison se nourrit de soleil. Au premier plan, des
ballots de toutes formes, des malades couchés, un homme mourant. Sur
la gauche, un chariot brisé et d'autres chariots en mouvement ou rece-
vant un chargement nouveau. Puis, tout à coup, plusieurs voitures arrivant escortées de cavaliers mexicains, si pittoresques dans leurs cos-
tumes : c'était le gouverneur et sa famille qui allaient à Guaymas.

» La scène s'éclairait des lueurs d'un grand feu allumé pour le cam-
pement des hommes destinés à rester là, jusqu'à ce qu'on pût venir
enlever tous les objets que la colonne était forcée de laisser en arrière.
Des chevaux, des mules, des cavaliers, des armes, des uniformes, des
haillons, des voitures élégantes, des visages de bandits, des têtes de
femmes, des marmites au feu, l'ombre, la flamme, une végétation tordue
et grotesque ; tout cela agissant, hardi, coloré, ferait un curieux
tableau... je l'aimerais, pour ma part, mieux qu'une vue de la chambre
des députés. . . . .
. . . . » A Hermosillo, je fis justice
de mes artisans de révolte. Dès le lendemain de notre arrivée, résolu
à agir vigoureusement, j'ordonnai, sinon le désarmement, du moins
quelque chose qui équivalait à cela. Ordre fut donné d'apporter les armes
dans une salle désignée et de les y laisser. On obéit ; la deuxième section parut vouloir résister ; j'allai moi-même dans sa chambrée et je
réclamai les armes. L'hésitation ne dura pas, elles furent apportées en
silence. Dès ce moment, secondé fidèlement par quelques hommes
résolus, je me préparai à châtier, par la force, toute tentative de
résistance.

» Nos avocats ne se tinrent pas pour battus et recommencèrent leurs
intrigues. On me prévient, un matin, vers six heures : j'arrive dans
l'ancien hôtel des Monnaies, où les volontaires étaient casernés, et je
fais battre aux champs.

» — Il y a parmi vous, m'écriai-je quand tout le monde fut réuni,
des gens qui ne vous trahiraient pas mieux s'ils étaient payés par vos
ennemis ! Les réclamations qui m'ont été faites sont l'ouvrage de

quelques meneurs, et vous les avez signées par faiblesse ! Il y a parmi vous un homme qui m'a calomnié personnellement. Cet homme, c'est vous, monsieur D... Sortez des rangs !

» Vous avez dit que Arizona était un mensonge, — voici les titres de propriété. — Vous avez dit que nous n'irions pas aux mines, voici un traité qui démontre que trente mille rations sont rassemblées au *Saric*, à quelques lieues de la Sierra ! Vous m'avez calomnié, Monsieur ! vous avez égaré l'esprit de vos camarades ; vous avez menti sur tous les points ! Comme chef de l'expédition, je vous chasse d'une compagnie dont vous n'êtes pas digne ; — comme homme, j'exige de vous des excuses formelles, ou une réparation les armes à la main. Choisissez !

» Vous devinez la suite, mon ami ; D..., expulsé avec quelques autres *pratiques* de son genre, la compagnie se retrouva plus forte, plus unie, plus disciplinée qu'avant cette épreuve. .   .   .   .

.   .   .   .

Nous avons dit que les expédients pour multiplier les retards avaient été poussés jusqu'à l'absurde. Nous allons citer une seule manœuvre entre mille ; elle donnera la mesure de la bonne foi et de la loyauté de l'administration mexicaine.

Les subsistances destinées à la compagnie avaient été, comme l'annonçait M. de Raousset, réunies dans une ancienne mission nommée *El-Saric,* à soixante-quinze lieues nord d'Hermosillo. La route en est facile, directe, toujours en plaine. De beaux pâturages, de l'eau, des bois touffus y assurent les meilleurs campements. Le général Blanco voulut forcer la compagnie française à passer par Urès, Arispe et Santa Cruz ; c'est-à-dire à parcourir, pour aller au Saric, environ cent cinquante lieues à travers des chemins horribles et des rivières qu'il faut passer jusqu'à trente fois dans une même journée. Dans la saison des pluies, et elle venait de commencer, ces rivières

sont souvent impraticables pendant plusieurs jours consé-
cutifs. Si M. de Raousset avait eu la faiblesse d'exécuter
cet ordre inouï, il est probable que la compagnie ne fût
jamais arrivée à sa destination. Si, à force de patience et
de courage, elle eût échappé à ce vrai guet-apens, son
voyage, au lieu de douze jours, aurait duré trois mois.

M. de Raousset résista énergiquement; le général dut
céder à des réclamations irréfutables, et la compagnie
quitta enfin Hermosillo et prit le chemin des plaines.

XI

Nous ne raconterons pas comment, lors de son départ d'Hermosillo, la compagnie, volée et abandonnée par ses *arriéros,* se vit poursuivie jusque dans sa marche par mille taquineries perfides. Des vexations plus sérieuses l'attendaient au *pueblo de Santa Anna*, où elle parvint le 15 août.

Un aide-de-camp du général y avait précédé M. de Raousset, avec ordre de le ramener à Arispe, ainsi que le colonel Giménez, agent de la compagnie Restauradora. L'ordre se formulait ainsi : Défense de passer outre ; injonction de venir à Arispe immédiatement.

Les dispositions hostiles du général, son parti pris de lasser, d'irriter, d'expulser enfin les Français, éclatait dans un autre document adressé au département et signé Miguel Blanco. On y lisait ces lignes formelles, alternative forcée entre la honte et la révolte :

« J'exigerai que les Français *renoncent à leur nationalité ;* et s'ils s'y » refusent, je les forcerai à se réembarquer. »

M. de Raousset fut révolté, comme on le pense ; mais, nourrissant encore un vague espoir que tant de vexations méthodiquement exécutées, provenaient moins de la méchanceté que d'une ignorance crasse ou d'un sot orgueil, quoique déjà malade et toujours nécessaire à ses hommes, il se résolut à faire le voyage d'Arispe, pendant que ses compagnons gagneraient seuls le Saric.

A la nouvelle de ce départ, une vive opposition se
manifesta sur-le-champ ; les officiers s'opposèrent à
l'unanimité au départ de leur commandant. Sachant tous
combien M. de Raousset tenait à donner, à M. Levasseur
surtout, les preuves les moins équivoques de l'irrépro-
chable loyauté qui présidait à ses actes, ces messieurs
voulurent le dégager de toute responsabilité. Ils écrivi-
rent collectivement au ministre de France, lui déclarant
avec franchise que s'ils s'opposaient au départ de leur
chef, c'est qu'ils redoutaient pour lui, soit un guet-apens
sur la route, soit une détention à Arispe.

Ceci s'était passé dans la matinée du 16. Malgré cette
opposition, M. de Raousset insista de nouveau pour
qu'on le laissât libre de partir ; M. Giménez se joignit à
lui et fit valoir des raisons nouvelles qui entraînèrent une
faible majorité dans le conseil des chefs de section. Le
voyage d'Arispe fut résolu.

Avant de partir, M. de Raousset adressa au ministre de
France, à Mexico, une lettre qui se terminait par ces
mots :

« C'est à cause de vous, monsieur le ministre, à cause de vous seul,
» que je prends au sérieux une autorité arbitraire, inique, méprisable,
» prostituée aux intérêts personnels.

» Vous comptez sur moi, monsieur le ministre, pour faire respecter,
» estimer le nom français ; c'est pour cela que je vais à Arispe. Je ne
» veux pas laisser à ces hommes l'ombre même d'un prétexte pour
» injurier ce grand nom de la France que nous portons avec nous.

» Je suis entouré de piéges, d'intrigues, de trahisons, et, par
» respect pour vous, monsieur le ministre, je vais au milieu même de
» ceux qui cherchent à me détruire.

« Si je reviens d'Arispe, *quelque chose qui arrive plus tard*, vous aurez compris qu'il est des bornes à la patience et à la résignation. Si je n'en reviens pas, recueillez les noms de mes compagnons, et que la France fasse du moins payer au Mexique leurs intérêts perdus. »

Comme on le voit, la situation se tendait de plus en plus, et la possibilité d'une défense par les armes commençait à se faire jour.

Il y a quarante lieues de Santa Anna à Arispe. A moitié chemin se trouve l'ancienne mission de *Cocospera*, où habitaient alors les débris de l'expédition conduite en Sonore par M. de Pindray.

A son grand regret, M. de Raousset ne put dépasser Cocospera. Des raisons imprévues motivèrent son retour immédiat dans la compagnie.

Avant de rétrograder, il écrivit au général la lettre suivante :

Cocospera, 20 août 1852.

A Monsieur le général Blanco.

Général,

« A vingt-cinq lieues seulement d'Arispe, une maladie qui s'appesantit sur les Européens et l'envoi d'un courrier venu de Tubutama, m'obligent à rétrograder jusqu'au Saric, où ma présence est absolument nécessaire. Je regrette un contre-temps qui me prive du plaisir de vous voir et de m'entretenir personnellement avec vous, non-seulement des grands intérêts auxquels je me trouve mêlé, mais aussi des communications importantes que j'eus l'honneur de vous faire par ma première lettre.

» Vous êtes déjà parfaitement instruit du but que vient chercher, en Sonore, la compagnie dont je suis le chef. La haute protection de M. le ministre de France nous sert de garantie. La pureté de nos intentions

4

ne peut être soupçonnée. Aussi n'est-ce point à ce sujet que vous avez désiré me voir et m'entendre. Il ne peut être question, dans la pensée du commandant général, que de la situation à faire en Sonore aux étrangers qui m'accompagnent.

» Empêché de me rendre moi-même auprès de vous ; j'ai l'honneur de vous envoyer un de mes compagnons, M. Garnier, fondé de pouvoir en tout ce qui nous concerne. M. Garnier connaît aussi bien que moi les sentiments et les intérêts de la compagnie française. Il peut répondre à toutes vos questions, résoudre toutes les difficultés, prendre tous les engagements. En un mot, général, que M. Garnier se présente à vous ou que je m'y sois rendu moi-même, le résultat est le même pour le commandant général et pour vous. M. Garnier, je le répète, est revêtu de tous mes pouvoirs ; ses engagements seront les miens.

» M. le colonel Giménez, représentant de la compagnie Restauradora, vous donnera connaissance du traité qui m'engage avec cette compagnie ; vous y trouveriez une nouvelle preuve de la simplicité de nos intentions et de la nécessité de notre armement, si les lettres du ministre de France pouvaient permettre le plus léger doute.

» Le colonel Giménez a qualité plus que moi, général, pour prendre en main les affaires de la compagnie Restauradora et accepter les arrangements qui lui conviendront : je suis et j'ai toujours été parfaitement d'accord avec le colonel sur tout ce qui touche aux intérêts qui nous sont confiés.

» Je vous supplie, général, de vouloir bien remarquer que nous sommes à quelques lieues d'Arizona, que nous avons un titre légal à la possession de cette mine, et, quoique nous y voyions le terme et la récompense de nos fatigues, nous demeurons immobiles au pied de la Sierra, attendant votre autorisation pour y pénétrer. Vous ne voudrez pas, général, prolonger plus longtemps une situation aussi pénible que décourageante. Notre but, nos intentions sont clairs, nos intérêts sont définis ; le retour de M. Garnier nous apportera, j'en suis convaincu, la levée des derniers obstacles.

Recevez, général, etc.

Comte de RAOUSSET-BOULBON.

En arrivant au Saric, M. de Raousset trouva la compagnie sous l'empire d'une violente agitation. La patience admirable dont elle avait donné tant de preuves s'était enfin lassée ; la mesure était comble ; tout le monde voulait une solution. Fût-elle des plus extrêmes et des plus violentes, il fallait sortir à tout prix de l'indécision contre laquelle on se débattait péniblement depuis trois mois. Ces hommes avaient quitté la Californie avec une foi vive dans la destinée qui les attendait en Sonore ; ils n'y rencontraient que des mécomptes. Après des fatigues courageusement vaincues, ils arrivaient à quelques lieues de ces mines dont le traité fait par M. de Raousset leur attribuait la propriété. Les vêtements, les souliers tombaient en lambeaux, les bourses étaient vides ; mais l'argent et tout ce qu'il procure existait à quelques pas dans la montagne. Une marche à faire, quelques jours de travail, et l'abondance succédait à leur misère. Tous le savaient !.. tous savaient également que le gouverneur, le général, des députés, des magistrats, des banquiers, l'aristocratie enfin au profit de qui la Sonore est exploitée, les paralysaient systématiquement. Leur permettre de parvenir jusqu'au Saric et les arrêter sur la lisière même de leur propriété, n'était-ce pas une dérision ? A la dérision s'ajoutait la menace ; il est facile de comprendre l'amertume douloureuse, l'irritation, la colère contenue mais profonde qui, peu à peu, s'étaient amassées dans tous les cœurs.

Malgré les preuves d'entêtement tant de fois données par ses adversaires, M. de Raousset, obstiné dans sa patience, recherchait encore une solution pacifique. Bien qu'il se fût occupé de longue main de grouper des éléments de résistance, il désirait ardemment n'être pas réduit à ensanglanter une terre où l'émigration voyait une seconde patrie.

Il attendait beaucoup de l'esprit ferme et conciliant de M. Garnier, qu'il avait envoyé le représenter auprès du général. M. Giménez, d'autre part, avait laissé voir, en quittant Cocospera, des dispositions telles qu'on les pouvait désirer. Une protestation vigoureuse, formulée par l'agent accrédité de la compagnie Restauradora, eût amené peut-être le général Blanco à de froides réflexions. Mais le colonel était Mexicain avant tout : il devait bientôt le prouver.

Le 28 août, dans la soirée, deux dragons expédiés d'Arispe apportèrent au Saric, avec les réponses du général, la triste preuve que toute solution amicale devenait illusoire.

Le général Blanco faisait transmettre à M. de Raousset trois conditions entre lesquelles lui et ses compagnons pouvaient choisir s'ils désiraient rester en Sonore. Les voici telles que M. Garnier les formulait dans sa lettre :

« 1º Ou de consentir la dénationalisation, c'est-à-dire nous faire soldats mexicains, sans solde, sous les ordres du commandant général avec vous pour capitaine. A cette condition, nous pouvons entrer à Arizona, chercher les mines, en prendre possession et les faire exploiter.

» 2º Ou bien prendre pour chacun de nous une carte de sécurité avec laquelle nous pouvons circuler en Sonore, à Arizona, mais sans prendre possession d'aucune mine, placer ou terrain, parce que nous serions considérés comme étrangers, et comme tels *incapables de posséder*, aux termes d'une ancienne loi du pays. Et encore, en prenant ces cartes de sûreté, il nous serait défendu de passer outre, de l'endroit où vous êtes aujourd'hui, avant l'arrivée des lettres de sécurité de Mexico.

» 5° Ou enfin de *réduire la compagnie à cinquante hommes*, ayant un chef Mexicain responsable. Dans ce dernier cas, il serait permis de marcher tout de suite à Arizona pour reconnaître les mines, les dénoncer et en prendre possession au nom de la compagnie Restauradora. »

Un post-scriptum du colonel Giménez conseillait vivement l'acceptation de la dernière condition.

L'illusion n'était plus possible. M. de Raousset prit son parti aussitôt.

Il fit battre aux champs, et, devant la troupe assemblée, il donna lecture des conditions imposées par le général. Ensuite, pour que chacun restât libre d'agir comme il l'entendait, les trois conditions furent textuellement affichées sur un poteau au milieu du camp. Des vivres et des moyens de départ furent mis à la disposition de ceux qui désireraient quitter la compagnie. M. de Raousset déclara formellement ne vouloir engager personne avec lui, et la compagnie resta seule juge du parti à prendre. Elle ne fut pas longue à se décider.

Un immense éclat de rire accueillit l'ultimatum du général Blanco ; les enfants de Paris qui faisaient partie de la troupe retrouvèrent leur verve caustique et leurs lazzis parisiens ; le poteau fut qualifié de pilori, et le général de *Malbrouk s'en va-t-en guerre ;* pas une parole ne fut prononcée pour proposer l'acceptation, pas une voix ne demanda même la discussion des articles.

Pas un homme ne voulut profiter des facilités de départ et abandonner ses camarades ; tous demeurèrent fidèles les uns aux autres et liés dans le sort commun.

La réponse de M. de Raousset au général renferme la plupart des griefs que nous avons énumérés, elle est fort claire, fort catégorique et très-digne, mais comme elle n'apprendrait rien de nouveau au lecteur, nous en donnerons seulement la conclusion :

« En résumé, général, je vois que nous avons cru trop naïvement à des paroles amies. M. le ministre plénipotentiaire de France à Mexico m'écrit en date du 12 juillet 1852, et la lettre passe par vos mains ; il me dit que notre position est réglée avec M. Romirez, ministre des affaires étrangères, que des ordres vous seront envoyés par le gouvernement central, et sur la réception de ces ordres, vous écrivez à M. le gouverneur de Sonore, le 7 août, en parlant de nous : *J'exigerai qu'ils renoncent à leur nationalité ou ils auront à se réembarquer* (1).

» Ceci, général, est à mille lieues des promesses faites à M. le ministre de France. . . . .

. . . . . » Comme chef de l'expédition française, je n'attends plus ni protection ni appui des autorités du pays. J'ai vainement invoqué l'un et l'autre depuis mon débarquement.

» Comme simple membre de ladite expédition, je refuse, pour ma part, et d'une manière absolue, d'accepter aucune des trois conditions qui me sont proposées.

» J'ai l'honneur, etc.

» Comte RAOUSSET-BOULBON.

El-Saric, 28 août 1852. »

Certes, s'il n'eût été retenu par de hautes considérations, si le poste qu'on lui avait confié ne lui eût pas fait un devoir du calme et de la patience, M. de Raousset aurait répondu avec moins de modération aux prétentions du commandant général, mais surtout, il aurait

(1) Voici le texte espagnol de la lettre du général : *Dispuse que veniesen a esta ciudad en donde exijiria yo que renuncien a su nacionalidad o tendran que reembarcarse.*

MIGUEL BLANCO.

flétri, sans plus de retard, la conduite indigne du colonel Giménez, cet infidèle agent de la compagnie Restauradora, qui venait ou de vendre ou d'abandonner lâchement les intérêts confiés à sa garde.

De ce moment, une résolution nouvelle du général pouvait seule empêcher une lutte sanglante; M. de Raousset, en lui écrivant de traiter directement avec la compagnie, lui avait ouvert un dernier moyen de conciliation. La réponse devait apporter la paix ou la guerre.

En attendant cette réponse, les préparatifs de défense se poursuivaient avec activité. Le petit camp était plein d'ardeur guerrière. Les volontaires qui n'avaient pas servi s'exerçaient au maniement des armes; on montait deux pièces de bronze dont le boulet pesait trois livres; on fabriquait des lances; on se préparait enfin dans la perspective d'un combat qui semblait inévitable.

Nous devons à l'obligeance de M. de *** la communication de la lettre suivante, datée du Saric : elle fait un tableau vif et animé de la vie du petit camp, et prouve que, malgré ces préoccupations et ces inquiétudes, M. de Raousset n'avait rien perdu de sa verve et de sa gaieté...

. . . . « Depuis six semaines, nous campons au milieu des ruines d'une ancienne mission nommée El Saric ; les voûtes de l'église, belle autrefois, sont tombées sur le sol ; de vastes bâtiments achèvent de crouler autour des murailles éventrées. De quelque part qu'on se dirige, au nord ou au sud de ces ruines, d'immenses plaines, des vallées remplies de verdure, circulent autour des montagnes..... le roc dévoile partout aux regards émerveillés l'or, l'argent, le cuivre, le fer, le mercure mêlés au marbre. Un ruisseau rapide baigne le sol de ses eaux toujours fraîches. Des poissons délicieux y abondent, et, de distance en distance, les accidents de terrain produisent des miniatures de lacs bleus et profonds où viennent boire les cerfs. Au bord de ces belles eaux, des frênes, des platânes, de larges peupliers pareils aux peupliers d'Italie, mêlent amoureusement leur feuillage. . .

. . . . » Notre camp est curieux à voir. Mes hommes ont mis en œuvre toute leur industrie. En quelques heures, des salles de verdure, des baraques de toutes formes se sont élevées comme par magie. En avant de ma tente, ils m'ont construit un vrai salon avec des branches de peupliers. Vingt personnes au moins pourraient y tenir. Sous ce feuillage que le soleil ne peut pénétrer, les éternelles brises de ce beau pays m'ont fait un paradis de mon palais agreste... Je suis sûr de regretter le Saric. . . . . .

. . . . » Notre situation empire : l'hostilité devient plus vive. Elle est menaçante. Nos hommes se préparent à une marche de quatre-vingts lieues, la prudence m'oblige à te cacher pour quelle destination. On raccommode avec un goût plus ou moins fantasque de poétiques guenilles. A défaut de souliers, on fabrique des sandales. Nous avons monté nos deux pièces de canon, en forgeant jusqu'au moindre clou ! Atelier de charron, de forgeron, de sellier, de fondeur, de cordonnier, tout cela s'est improvisé dans les salles effondrées. Les ombres des moines morts ont dû bien s'étonner dans leurs caveaux ! . . . .

. . . . . . » Je ne saurais trop le redire, mes Français se sont montrés magnifiques dans cette lutte de l'industrie contre le désert, de la patience contre mille difficultés, contre un imprévu plein d'irritation... L'esprit du corps est excellent, nous partons selon toute apparence dans sept à huit jours... »

Les lettres au colonel et au général venaient à peine de partir que le préfet de l'*Altar*, dans la juridiction duquel se trouve le Saric, donna communication à M. de Raousset d'un ordre envoyé par le gouverneur, ordre qui interdisait aux juges de l'Altar et de San Ignacio de mettre la compagnie en possession d'aucun terrain ou mine , dans Arizona ou ailleurs , jusqu'à ce qu'elle eût satisfait aux exigences du commandant général.

Voici quelques extraits de la réponse de M. de Raousset :

« Jamais, Monsieur le gouverneur, jamais il n'a été dit ni écrit une parole qui tendît à nous imposer les conditions que le général soulève devant nous comme une barrière. Je pourrais ajouter qu'il était facile de nous les poser à Guaymas , à Hermosillo même. Fallait-il attendre trois mois et que nous fussions au terme même de notre voyage pour nous placer entre d'inacceptables propositions et un réembarquement ?

» Vous le voyez , Monsieur le gouverneur, les preuves abondent. Les conditions tendent à un objet inique : nous expulser de la Sonore.

» Et pourquoi ?

» Il est impossible que je me fasse plus longtemps illusion. Nous sommes sacrifiés , nous, nos droits acquis , ceux de la compagnie qui nous envoie et les intérêts publics eux-mêmes , à l'avidité personnelle de quelques hommes puissants.

» Loin de nous donner aide et protection, on a tout fait pour nous engourdir ou nous décourager. On a feint de se méprendre sur nos intentions, on a soulevé des malentendus sur les choses les plus claires , et on est encore à se demander si nous devons ou non rester dans le pays.

» Nos intentions !

» Les lettres de M. le ministre de France à M. le commandant général, à M. Aguilar, à M. Calvo et à vous-même, ne suffisent-elles donc pas ?

» Ne parlons pas de mes déclarations personnelles, effaçons le traité fait avec la compagnie Restauradora : oublions toutes les preuves de soumission, de bon vouloir, de dévouement à ce pays, données par mes compagnons pendant quatre-vingt-seize jours ; mais les déclarations officielles émanées du représentant de la nation française, déclarations si franches, si noblement inspirées, si chaudement écrites, sont-ce là des choses qu'on laisse de côté sans que le bon sens public ne les relève et

4*

ne dise : La vérité est là ! là sont les informations, les déclarations que vous me demandez ?

» L'émigration française en Sonore était attendue comme un bienfait par les populations de ce pays, elle était approuvée par le gouvernement central, par M. Blanco, par vous, par tous.

» C'est alors que vint la première expédition, conduite par M. de Pindray : on la reçut avec enthousiasme, on lui donna des chevaux, des mules, des bœufs, des terres, des vivres ; on ne lui demanda pas *de renier sa nationalité ;* on la laissa libre et respectée.

» Mais alors il n'était pas question d'Arizona, de ses mines d'argent, d'un vaste monopole à établir dans la Sierra. La compagnie Barron, enfin, n'avait pas encore formé la ligue puissante dont chaque nom est bien connu de toute la Sonore.

» Nous sommes venus ! mais, par une fatalité imprévue, nous arrivons ici pour y prendre légalement possession, en vertu du droit et des lois, du minéral d'Arizona concédé à la compagnie Restauradora, dont la compagnie Barron s'empare, au mépris de toute justice, sous la protection, sous les armes du commandant général lui-même.

» Comme nous n'avons donné aucun sujet de plainte, après quatre-vingt-seize jours d'épreuve, on ne peut nous dire encore : sortez de ce pays. Mais chaque jour apporte un acte nouveau, une entrave imprévue, une tracasserie habile, une exigence intolérable. Chaque jour, enfin, on nous fait faire un pas de plus vers le découragement et vers une retraite volontaire.

» Je ne m'abuse plus, Monsieur le gouverneur, je ne veux pas me prêter plus longtemps à une comédie qui ferait croire à ma faiblesse. Je ne demande plus qu'au bon sens public un appui, une protection, une sympathie que les autorités nous refusent.

» Nous vivons dans un siècle où la vérité perce tous les voiles et triomphe du temps comme de l'espace. L'opinion publique n'est plus celle d'un pays : elle embrasse le monde. Je possède assez de documents, de pièces et de correspondances authentiques pour porter la lumière à flots sur notre expédition en Sonore.

» C'est à ce tribunal suprême que je compte en appeler.

» J'ai l'honneur d'être, Monsieur le gouverneur, etc.

» Comte de RAOUSSET-BOULBON. »

Le 16 septembre enfin, après dix jours d'attente, arriva une nouvelle lettre du colonel Giménez. Cette lettre n'apportait aucune modification aux exigences du général ; elle ne discutait même pas les réponses du 28 août, elle n'ajoutait que d'irritantes menaces aux conditions proposées. D'après M. Giménez, le général Blanco pouvait anéantir les Français en un clin d'œil. Si l'on n'obéissait promptement, on devait s'attendre à subir, sans retard, le traitement réservé aux pirates.

Par le même courrier, le colonel faisait tenir clandestinement à M. Lenoir, premier lieutenant de M. de Raousset, une lettre confidentielle dans laquelle il l'excitait à s'emparer du commandement de la troupe, lui promettant les avantages ordinaires de la trahison. M. Lenoir remit immédiatement cette lettre à M. de Raousset, qui la lut à haute voix à ses compagnons. L'indignation de la compagnie ne connut plus de bornes. Pour la première fois, on cria : Aux armes !

M. de Raousset eut la plus grande peine à retenir ses hommes ; une vingtaine d'anciens gardes mobiles, surtout, ne voulaient rien entendre et demandaient à grands cris le combat. Il répondit au colonel : dans cette lettre, on sent déjà l'homme à bout de patience, obéissant aux mouvements tumultueux de son âme, plutôt qu'aux conseils prudents de la politique.

« Ma lettre, dites-vous, me convertit en insurgé ; le bon sens public en jugera différemment.

» Le langage d'un homme libre est-il donc chose si rare aux oreilles de vos commandants généraux qu'ils ne puissent l'entendre sans croire à la révolte ?

» Il suffit au commandant général d'avoir reçu la lettre dont vous parlez, pour qu'il m'adresse, par votre entremise, la menace de me traiter comme un pirate.

» *Un pirate !* parce que j'aurai refusé d'échanger ma nationalité contre le droit douteux d'aller chercher à Arizona quelques poignées d'argent ! Un pirate ! parce que je refuse de faire, de mes compagnons, des soldats sans solde, sans vêtements, et soumis aux coups de bâton !

» Ma conscience porte légèrement cette menace et ma résolution ne s'en étonne guère !

» Vous supposez, colonel, au sujet de ma résistance, des idées, des projets que je n'ai point apportés dans ce pays. Vous me supposez des illusions que je n'ai pas. Il se peut que le général Blanco puisse m'anéantir en un clin d'œil ; cependant, colonel, les hommes que j'ai l'honneur de commander ne s'intimident pas facilement : les menacer, c'est les affermir dans la résistance.

» Comte de Raousset-Boulbon. »

Deux jours plus tard, M. Giménez revint à la charge, mais toujours avec des phrases ambiguës qui semblaient écrites bien plus pour irriter que pour convaincre. Comme tous ses compagnons, M. de Raousset était las de pourparlers inutiles. On allait quitter le Saric et retourner sur ses pas ; un accident retardait seul le départ. Le temps des ménagements était passé ; M. de Raousset répondit : . . . .

. . . . « Quand un homme, investi d'un pouvoir et d'une responsabilité comme ceux du commandant général, ose imposer des conditions pareilles ; lorsque après avoir entendu les observations d'un esprit aussi sérieux que l'est M. Garnier, mon fondé de pouvoirs, et celles que vous avez dû lui adresser vous-même ; quand un homme aussi haut placé se détermine à écrire et à livrer à la publicité de pareilles décisions, nul ne peut supposer qu'il agit légèrement.

» C'est donc très-formellement que M. le commandant général me mande à Arispe avec le parti pris d'avance *d'exiger que je renonce à ma nationalité* ou que je quitte la Sonore.

» Mais pour qui donc, pour quelle espèce de gens sans cœur, sans souvenirs, sans aucun sentiment de la patrie, M. le général Blanco prend-il mes compagnons ! pour qui donc les prenez-vous vous-même, quand vous me transmettez de telles propositions ? Lorsque vous excitez M. Lenoir à me faire enlever le commandement, le croyez-vous donc disposé plus que moi au sacrifice de sa nationalité ? Ne comprenez-vous pas que si j'étais assez faible pour abdiquer la mienne sous le coup d'une menace, pas un homme ne me suivrait dans cette voie honteuse ?

« Comment peut-il entrer dans l'esprit d'un homme raisonnable que mon entrevue avec le général Blanco puisse résoudre une question aussi insoluble ?

» Sachez bien encore ceci, colonel, et que tous le sachent comme vous : ni la force, ni l'intimidation, ni l'intérêt ne me feront oublier ce que je me dois à moi-même. Ma fortune et ma vie ne sont rien pour moi, absolument rien, là où mon honneur est en question.

» Or, M. le commandant général de Sonore a mis en question mon honneur.

» Eût-il cent fois plus de forces qu'il n'en possède, ces forces fussent-elles cent fois plus redoutables qu'elles ne le sont, il ne me ferait pas reculer d'un pas, là où je ne puis reculer sans abdiquer lâchement mon droit et sans m'avilir !

» Raousset-Boulbon. »

C'était la déclaration de guerre.

XII

Des légistes condamneront peut-être M. de Raousset. Il devait, dira-t-on peut-être, obéir, même à un ordre inique, et protester sans tirer l'épée. Nous pensons que pour juger avec équité il faut tenir compte des pays, des hommes, des situations. On n'agit pas dans des terres à demi-barbares comme chez les peuples civilisés ; à moins d'être fellah, moujik ou paria, on ne renonce pas à ses droits, à son bien, parce qu'il plaît à un fonctionnaire de vous dire : va-t'en !...

Dans tous les pays du monde, le droit est le même. Lorsque l'autorité devient l'arbitraire, lorsque le pouvoir devient un instrument de rapine, la résistance est un droit. Lorsqu'à la honte de la retraite, il faut ajouter la honte de l'aumône qui la rendrait possible, est-il étonnant de voir des Français embrasser leurs armes, comme le condamné embrassait l'autel en criant : *Asile !*

Plaçons-nous au point de vue humain seulement. Qu'aurait-on dit de deux cent cinquante hommes, pourvus de carabines et de canons, venus dans un pays avec des droits reconnus, sympathiques aux populations, réunissant à une force matérielle relativement respectable, celle que donne la conscience du droit ; qu'aurait-on dit de les voir plier sous les exigences inqualifiables d'un gouvernement avili, ou retourner sur leurs pas après tant de difficultés vaincues, laisser là leurs armes inutiles, se courber devant une menace, et se réembar-

quer ? On aurait dit que ces hommes avaient manqué de
cœur; on aurait dit qu'ayant affaire, non contre le pays,
puisque le pays était pour eux, mais contre les autorités
qui prostituaient le pouvoir au service d'un intérêt privé,
ces hommes devaient faire appel au pays même ; on
aurait dit enfin que deux cent cinquante Français s'étaient
laissés bafouer et spolier en Sonore par le général et le
gouverneur, et qu'après s'être complaisamment prêtés à
ce rôle ridicule, ils avaient fini par se retirer lâchement.

Telle fut aussi dans la compagnie le cri de l'honneur
blessé ; d'un même mouvement elle rejeta ces conditions
insultantes ; elle invoqua la justice et se mit sous la
protection de ses armes.

C'était la guerre, la compagnie le savait bien ; restait
à savoir quelle guerre était possible à cette poignée
d'hommes.

Une guerre défensive était impraticable. Aller s'établir
dans la montagne, prendre possession des mines, les
travailler, les défendre contre une agression, ce projet,
plus respectueux envers la légalité, plus conforme à la
conduite pleine de réserve observée jusqu'alors, ne
pouvait que perdre la compagnie. M. de Raousset n'y
pensa même pas.

L'offensive, une agression vigoureuse, appuyée sur le
pays, sur les sympathies acquises, sur le bon sens et
l'intérêt public, tel était le seul parti raisonnable ; avant
tout, il fallait vaincre.

Les circonstances firent de M. de Raousset un général.
Naturellement énergique et résolu, il se révéla tout d'un
coup homme politique profond et hardi. Rien ne fut
épargné par lui pour mettre à profit l'état des esprits, et

se créer un point d'appui sérieux dans le pays même. Les habitants de la frontière, incessamment pillés par les Apaches, réduits à l'indigence et au désespoir, se montraient exaspérés contre un commandant général qui consacrait à des entreprises de mines, au service d'intérêts particuliers, les troupes et l'argent destinés à protéger la Sonore contre les Indiens. L'émigration seule pouvait opposer une barrière efficace à ces terribles voisins. Le séjour des Français au Saric l'avait prouvé; à trois reprises différentes ils avaient repoussé les Apaches, et victime de son courage, un brave sergent, frappé dans une de ces courses, reposait auprès de la vieille abbaye.

Les esprits étaient partout dans une grande fermentation; ces populations, engourdies par un long servage, semblaient vouloir enfin secouer leur torpeur et briser leurs chaînes. M. de Raousset parcourut les rives du San Ignacio et de l'Altar, il excita les ressentiments, il échauffa les sympathies; il ne laissa pas un seul pueblo où des hommes influents ne fussent prêts à soutenir sa cause; il se créa des partisans jusque dans le clergé; bientôt il eut en main les preuves qu'un parti se lèverait pour lui le lendemain de la victoire. Quant à la victoire elle-même, c'était son affaire et celle de ses compagnons.

Il écrivit à ses co-intéressés de Mexico des lettres multipliées et pressantes; un homme sûr fut expédié à San Francisco pour aller chercher des renforts et des munitions; un autre partit pour Mazatlan dans le même but; enfin, le 23 septembre, toutes les mesures prises, la compagnie quitta le Saric et rétrograda vers Hermosillo.

Le 29 au soir, elle campait à *San Lorenzo* sur le *Rio San Ignacio.*

Chaque année des fêtes, célèbres dans le pays, réunissaient au pueblo de la Madelaine plusieurs milliers de
personnes accourues de tous les points de la Sonore. On
était à la veille de ces fêtes, et la Madelaine touche presque à San Lorenzo. Profiter de cette occasion pour mettre
la compagnie en relation avec la Sonore entière, c'était
répondre par des faits aux calomnies infatigables dont
les Français se voyaient poursuivis par leurs adversaires.
Le 30 septembre, la compagnie campait à la Madelaine.

Les fêtes se poursuivent du 1er au 4 octobre. L'af-
fluence n'y fut pas moins grande que dans les années
précédentes. La présence des Français n'effrayait
personne. Leur camp, dépouillé de tout aspect hostile,
s'ouvrait aux promeneurs; la plupart des Sonoriens de
distinction venus à la fête voulurent le visiter; les dames
surtout en faisaient un but de promenade; elles venaient
s'asseoir volontiers sous la tente de celui qu'on appelait
un chef de pirates; leur sympathie n'était pas indifférente
dans un pays où l'influence de la femme est inconte-
stable. Pendant ce temps-là, les Français se mêlaient dans
la ville à la foule des Mexicains; la plus grande harmonie
régnait entre les deux peuples; pas une querelle ne
s'éleva pendant les quatre jours que durèrent les fêtes.
Ces faits ont leur éloquence (1).

(1) C'est à ce séjour à la Madelaine que se rapporte la lettre suivante,
écrite par M. de Raousset à M. le comte Edme de M., et que nous donnons
en note pour ne pas ralentir le récit. Cette lettre prouvera, au besoin,
que si nous eussions voulu faire une histoire romanesque, les matériaux
ne nous auraient pas manqué.

« . . . . Et puis tant de choses me préoc-
cupent; tant de soins divers m'obligent à une âcre et persistante activité

Dès le jour de son arrivée à la Madelaine, M. de Raousset reçut deux communications officielles, l'une du général, l'autre du gouverneur. Le général reproduisait les trois conditions, en insistant de nouveau sur le voyage d'Arispe. Quant au gouverneur, il formulait une sommation menaçante : *obéir* en *rendant* au général

de tous les instants! Songes-y! Peu d'hommes en état de me seconder ; pas un capable de me remplacer. — Deux cent cinquante aventuriers à commander, moitié héros, moitié bandits, qui, semblables aux bêtes fauves de Van-Amburg, n'obéissent qu'à la voix connue.

» Obligé de courir à travers les espaces sans fin qui séparent ces populations clair-semées ; aujourd'hui, pour aller réchauffer l'enthousiasme de la révolution nationale dans un *pueblo* à trente ou quarante lieues de mon camp; demain une course aux Indiens; puis, un soir, monter à cheval, franchir quinze lieues de désert, pour aller... quelque part, dénouer les tresses blondes d'une Mexicaine amoureuse!... Car en Sonore, ami, et c'est une des excellences de cette terre bénie par le soleil, on rencontre jusqu'à des femmes blondes parmi ces groupes de belles chairs bronzées, de rondes épaules, de pieds nerveux, de regards noirs et de cheveux teints dans les eaux du Styx.

» Les femmes de Sonore sont belles, bonnes et spirituelles. La race s'est concentrée en elles. Tout ce qu'il y avait de chevaleresque dans le caractère espagnol, au temps immortel de Cortez, s'est conservé en elles : seules elles ont conservé la tradition noble que vainement on chercherait chez les hommes.

» Peu de jours après que le gouvernement de Sonore m'eut déclaré rebelle et pirate ; au moment même où j'étais mis hors la loi, où tout individu avait le droit de me tuer comme un chien enragé et devait ainsi bien mériter de la patrie, il se trouvait à ces fêtes de la Madelaine, qui réunissent l'élite du pays, une grande et belle jeune fille nommée Dona Maria-Antonia ***. Elle appartient à une famille considérable ; son père, qui est une des principales autorités du pays, figure nécessairement parmi mes ennemis. On parlait de moi. On m'attaqua ; elle prit ma défense. Sa tante, une vieille dame de beaucoup d'esprit, lui dit assez sérieusement. « Est-ce que tu serais amoureuse du chef des pirates ? » Mon cher Edme, Antonia se leva sans hésitation, se drapa dans son *rébozo*, et, du plus grand sang-froid : « Oui, je suis amoureuse de celui que vous appelez un

Blanco les *armes de guerre* dont la compagnie était
pourvue, ou reprendre le chemin de Guaymas avec inter-
diction de paraître dans les lieux habités ; *sinon*, ajoutait-
il, *vous serez mis hors la loi et traités comme pirates.*

Désormais toute pensée d'accommodement paraissait
absurde : inévitablement, la solution devenait l'affaire
des armes ; M. de Raousset ne répondit même pas.

Pendant le séjour à la Madelaine, une conférence de la
plus haute importance eut lieu avec les chefs des pueblos
du nord. M. de Raousset était venu en Sonore, bien
résolu à ne se mêler en rien aux crises politiques du pays ;
mais à la veille de tirer l'épée, les intérêts et la sécurité
de ses compagnons lui faisaient un devoir de se créer le
plus grand nombre possible de partisans. Des ouvertures,
des propositions lui furent faites ; M. de Raousset accepta
résolûment.

» pirate ! A cette heure de malédiction pour la Sonore, il n'y a qu'un seul
» homme qui pense réellement à la sauver de sa ruine ! c'est *le comte !*
» Si les hommes de ce pays n'étaient pas tous des lâches, ils prendraient
» les armes comme lui pour secouer le joug de Mexico ! Oui, j'aime le
» comte ! *(Si quiero el conde, y loquiero con amore.)* » Antonia, mon
cher Edme, est grande, belle et blonde. Elle était là, au milieu de ses
brunes compagnes, comme une rose dans un bouquet de tulipes noires.

» Hier, à la vue de cinq à six mille personnes, Antonia est venue dans
mon camp, sous ma tente.

» Je ne te raconte pas cela pour satisfaire la fatuité commune aux animaux de notre espèce, mais afin de te donner à juger ce que valent les
femmes en Sonore, et si j'ai si grand tort de croire que j'ai un parti pour
moi, dans le pays.

. . . .

» RAOUSSET-BOULBON. »

Si la lutte s'engageait, les pueblos *devaient* se prononcer pour les Français , qui, autant que possible , *devaient* s'emparer d'une ville importante. D'abord , on *devait* se borner à demander justice pour l'émigration , mais si le gouvernement prolongeait sa résistance , on proclamerait l'indépendance de la Sonore, et le gouvernement nouveau appellerait à lui l'émigration française de Californie.

Tout fut promis de part et d'autre , mais si chaude que fût la sympathie des pueblos, M. de Raousset ne se faisait point d'illusions sur la nature de leur concours. Rompus à l'obéissance passive, pliés par l'aristocratie, ignorants, timides, sans caractère, sans vigueur, on n'en pouvait espérer d'initiative. Les Français devaient se résigner à courir seuls les premières chances de la guerre. Vaincus, l'abandon de leurs amis était une certitude ; vainqueurs , ils pouvaient compter sur un dévouement qui n'entraînait plus de péril. L'appui matériel n'existait donc pas, mais l'appui moral était considérable pour deux cent cinquante hommes engagés comme l'étaient les Français.

De son côté, le gouvernement sonorien ne perdait pas de temps et avait de longue main pris ses dispositions. Dans les villes d'Hermosillo et de Ures , les gardes nationaux s'exerçaient depuis deux mois au maniement des armes. Quelques centaines d'Indiens avaient été recrutés dans le *Rio Jaqui,* et chez les *Opatas,* la tribu guerrière par excellence ; les garnisons des présidios ne conservaient que les hommes hors d'état de faire une campagne; les troupes se concentraient à Arispe. Un fait important à constater, c'est que dans le nord, et généralement parmi ce que les Senoriens appellent *gente de razon,* toutes les tentatives, mesures et ordres donnés par le gouvernement pour armer les milices demeurèrent sans effet. Tous disaient : « Qu'avons-nous à faire d'aller nous battre pour » les mines de MM. Cuvillas et Blanco, contre des gens » qui viennent ici pour travailler ! »

Le gouvernement ne comptait pour lui que des soldats, l'aristocratie que des clients, des créatures, des mercenaires et des Indiens fanatisés. Quiconque avait le sentiment du bien public et l'instinct de la liberté faisait ouvertement des vœux pour le triomphe des Français.

Le séjour de la compagnie à la Madelaine n'avait pas eu pour seul but de montrer les Français aux Sonoriens ; la nécessité de cacher la marche véritable de la troupe y était pour beaucoup. Prévenu à temps, le général Blanco aurait pu se fortifier dans Hermosillo, et M. de Raousset voulait y arriver aussitôt que lui. La Madelaine forme le point de jonction de trois chemins ; l'un monte au nord et gagne Arispe par Santa Cruz ; l'autre aboutit au même lieu par un passage difficile, mais plus direct ; le troisième enfin descend sur Hermosillo à travers les plaines.

Incertain sur les mouvements de son adversaire, le général était forcé de demeurer immobile dans Arispe, à cinquante lieues d'Hermosillo.

Le 6 octobre, dans la soirée, la compagnie quitta la Madelaine et prit à marches forcées la route du sud. Cette route conduit également à Ures et à Hermosillo. De son côté, le général Blanco descendit d'Arispe, afin de couvrir celui de ces deux points que menaceraient les Français. Des bruits répandus à dessein firent penser qu'ils attaqueraient Ures. Quand le général fut informé du contraire, la compagnie, continuant sa marche rapide, avait gagné sur lui l'avantage d'une journée. Désormais, si le général parvenait à Hermosillo, il ne pouvait plus la devancer que de quelques heures.

La compagnie comptait à ce moment un effectif de deux cent cinquante-trois hommes. L'infanterie, sous les ordres de M. Fayolle, était divisée en huit sections de vingt à vingt-trois hommes chacune; l'artillerie, composée de deux pierriers et de deux pièces de bronze d'un faible calibre, était servie par vingt-six hommes, presque tous marins. L'esprit de corps et l'amour-propre devaient faire exécuter des prodiges à ces braves jeunes gens. Quarante-deux hommes formaient la cavalerie, sous les ordres de M. Lenoir.

L'armée de M. de Raousset fera peut-être sourire; nous rappellerons seulement que nous sommes en Sonore, et que cette troupe, numériquement si faible, était réellement redoutable par son instruction et sa discipline militaires, par la supériorité de son armement et par son intrépidité.

Le gouverneur et le général se flattaient d'en avoir bon marché; les officiers mexicains parlaient avec une joyeuse espérance de ce prochain combat, où ils voyaient la gloire et l'avancement. Cette confiance anticipée n'avait-elle pas contribué aux exigences du général? On est en droit de le penser.

Cependant, officiers et général se berçaient d'une vaine illusion : en rase campagne surtout, rien ne devait arrêter l'élan des Français; ajoutons que le plus humble soldat de la compagnie avait conscience du rôle important qu'il allait jouer, que tous pensaient à la France et sentaient qu'une grande pensée allait être réalisée par eux.

Ces hommes étaient vraiment dignes d'accomplir une noble entreprise. Pendant quatre mois et demi, tracassés et calomniés comme on l'a vu, ils avaient donné des preuves de la patience et de la moralité les plus hautes : pendant ce long espace de temps, pas une plainte ne fut portée contre la compagnie, soit par les autorités, soit par les habitants. Ces faits sont extrêmement remarquables. Il faut les consigner ici, et nous avons le droit d'en être fiers. La compagnie française s'est montrée digne du nom qu'elle portait. La Sonore aime aujourd'hui et respecte ce nom ; elle regrette cette émigration qui lui promettait de meilleurs jours. Les hommes qui l'ont repoussée sont tombés depuis sous le poids d'une juste impopularité, et l'opinion publique a rejeté sur eux seuls le sang versé.

XIII

La marche sur Hermosillo (52 lieues espagnoles) fut accomplie en sept jours. Elle donna la preuve d'une grande énergie morale ; la plupart des volontaires marchaient pieds-nus ; pas un ne se plaignit, pas un traînard ne quitta la colonne. Le 13 octobre, dans l'après-midi, elle campait au rancho de l'*Alamito*. Hermosillo n'était plus qu'à six lieues.

Ces hommes attristés par une longue période d'ennuis, d'oisiveté, de fatigues, de misères, semblaient se réveiller d'un lourd sommeil ; la gaieté revenait sur les visages ; l'espérance rentrait dans les cœurs ; un jour de plus, et l'avenir de la compagnie serait réglé ! On dormit peu, l'attente du lendemain causait une impatience fébrile.

Dans la nuit même, avant quatre heures du matin, la colonne reprit sa marche. A moitié chemin d'Hermosillo, elle joignait la route d'Ures. La poussière était couverte de traces de chevaux et d'hommes ; les troupes du général Blanco venaient de passer là. On y distinguait les pieds-nus des Indiens, les sandales des soldats et les roues de l'artillerie. Sur la gauche, de l'autre côté de la rivière, on apercevait de longues files d'hommes armés, marchant dans la même direction que les Français. Indiens, gardes nationaux, troupes régulières, se réunissaient dans la ville menacée.

A la vue de ces indices d'un combat prochain, la compagnie s'exaltait. Elle n'ignorait pas que l'ennemi l'attendait dans une position excellente, et qu'il était six fois plus nombreux. L'enthousiasme éclatait dans tous les regards ; elle marchait au combat comme à une fête ; les chants commencés au départ ne s'éteignirent que dans la fusillade.

A huit heures du matin, on était à deux lieues de la ville. Deux parlementaires attendaient M. de Raousset. Ils étaient envoyés par D. N. Navaro, qui remplissait à Hermozillo les fonctions de préfet après la désertion de ce poste par D. F. Rodriguez. La mission des parlementaires était d'entraver, par un semblant de négociation, la marche de la compagnie. On espérait ainsi donner le temps au général, arrivé depuis quelques heures, de prendre ses dispositions, de se fortifier, de reposer ses soldats, en un mot, de doubler ses avantages déjà si grands.

Les parlementaires étaient M. Camou, négociant français, et M. Ortis, juge de première instance, créature du gouverneur Cuvillas. M. de Raousset, après avoir écouté leurs propositions, tira froidement sa montre. Il était huit heures.

— Répondez à M. Navaro, dit-il d'une voix éclatante, que j'entrerai dans deux heures à Hermozillo, et qu'à onze heures précises je serai maître de la ville, si la ville est défendue !

Une immense clameur d'enthousiasme accueillit ces paroles ; les parlementaires se replièrent, et deux heures après Hermozillo n'était plus qu'à une portée de canon.

La compagnie, en quittant le Saric, n'avait rien laissé

5

derrière elle. Les bagages, les munitions formaient un train considérable ; ce train et les animaux qui le composaient furent enfermés dans une maison isolée, et surmontée d'une terrasse. Une section de vingt hommes prit position dans ce poste, qui avait l'avantage de commander la route et de protéger les derrières de la colonne, menacés par trois cents Indiens. On se débarrassait ainsi de tout ce qui pouvait gêner la liberté d'action. L'artillerie, dételée, était tirée à bras ; la cavalerie fut envoyée en avant, afin de reconnaître les dispositions de l'ennemi. Il était temps encore, le commandant général pouvait éviter un combat.

M. Lenoir, de retour avec ses cavaliers, annonça que la ville était en état de défense ; des cris frénétiques lui répondirent. La bataille allait donc s'engager ! Après tant de sacrifices faits pour la paix, l'instinct militaire reprenait ses droits sur les Français.

Hermosillo compte environ douze mille âmes ; il est entouré de jardins fermés par des murs et des haies qui permettent de se replier de poste en poste et de défendre à chaque pas rétrograde une position nouvelle. Sur la route par où débouchait la compagnie, un fossé large et profond couvre la ville dans toute son étendue. On ne peut y pénétrer que par un pont, à la tête duquel se trouvaient les avant-postes ennemis.

Déjà l'on distinguait parfaitement les uniformes des soldats ; les armes étincelaient au soleil, sur les terrasses des maisons ; l'ennemi, malgré sa supériorité numérique, demeurait à couvert derrière des murailles.

M. de Raousset marchait en tête, à cheval. Par un dernier scrupule, il avait défendu à ses hommes de tirer les premiers. Un grand silence se fit ; les Français s'avancèrent froidement, et à peine à portée essuyèrent une vive fusillade, partie du faîte des maisons et des jardins qui les environnent.

— En avant, mes amis ! cria M. de Raousset, vive la France !

Une décharge violente lui répondit et la colonne se déploya en tirailleurs. L'artillerie, marchant du même pas que l'infanterie, ne s'arrêtait que pour charger et tirer. En avant du pont dont nous avons parlé, une maison carrée, isolée et plus élevée que les autres, formait la tête des avant-postes mexicains. La compagnie, entraînée par son ardeur, oubliant toute prudence, s'élança au pas de course et culbuta les avant-postes à l'arme blanche. L'ennemi n'eut pas même le temps d'évacuer la maison carrée ; les hommes qui l'occupaient furent faits prisonniers. Le pont passé immédiatement, on entra dans la ville.

Du haut des terrasses, des jardins enclos, des fenêtres, du fond des caves même, les Mexicains tiraillaient presque à bout portant. Cinq pièces d'artillerie chargées à mitraille balayaient les rues en feu plongeant ; les Français n'en avancèrent pas moins au pas de course, culbutant tout devant eux ; leur élan fut irrésistible ; en moins d'une demi-heure, ils occupèrent les deux tiers de la ville.

Pendant ce temps, la cavalerie du général qui caracolait au loin, sur la droite, était dispersée par M. Lenoir, chargeant à fond, malgré la fatigue extrême des chevaux. La vaillance audacieuse des Français déconcerta toutes les mesures du général ; malgré le petit nombre des assaillants, il se vit attaqué sur dix points à la fois et partout avec la même vigueur. La première et la deuxième section surtout, firent des prodiges.

L'ennemi, délogé et chassé de maisons en maisons, avait concentré sa résistance dans l'*Alameda* , jardin public, entouré de murs. Les rues et les places qui y aboutissent, larges et droites, favorisaient le feu de son artillerie.

— En avant, la France ! cria M. de Raousset ; et l'Alameda, comme tous les obstacles qui le précédaient, fut emporté à la baïonnette.

La cavalerie, lancée dans les rues sur un ennemi en désordre, ne lui laissa pas le temps de se rallier ; elle acheva sa défaite ; mais la fatigue des chevaux ne lui permit pas une longue poursuite. Soldats, Indiens, gardes nationaux, s'enfuirent à travers champs, en jetant leurs armes et leurs uniformes ; on prit trois canons, un drapeau ; le général Blanco, suivi de quelques officiers, s'échappa à grand'peine et courut à toute bride sur la route d'Ures. Le désastre des Mexicains était aussi complet que possible.

Ainsi que M. de Raousset l'avait dit aux parlementaires, une heure avait suffi pour emporter la ville.

Nous n'avons pas la prétention de donner au combat d'Hermosillo l'importance d'une bataille rangée ; mais tout est relatif en ce monde. S'il avait fallu au premier consul la grande bataille de Marengo pour lui donner l'Italie, le combat d'Hermozillo devait suffire pour assurer la Sonore à M. de Raousset. Quand il l'a quittée, ce n'est pas le canon qui l'a chassé.

Le général Blanco avait avec lui quatre cents hommes

d'infanterie, renommés parmi les meilleures troupes du
Mexique, des milices tirées des présidios, moins régulières, mais aguerries contre les Apaches ; il avait des
Indiens *Yaqui*, des Indiens *Opatas* et la garde nationale
de la ville presque entière ; en tout, au moins douze cents
combattants, soutenus par plusieurs pièces de canon et
deux obusiers de campagne. Ces forces, abritées par des
murailles, avaient été rompues et dispersées par deux
cent cinquante hommes, qui venaient de faire en sept
jours, sans chaussures, cinquante-deux lieues espagnoles,
et qui livraient bataille à leur dernière étape, sans s'être
donné une minute de repos.

Le combat n'avait duré qu'une heure, il n'en fut pas
moins très-meurtrier. Des pertes sensibles payèrent la
victoire de la brave petite troupe. Dix-sept hommes furent
tués, parmi lesquels Lefranc, Fayolle, Garnier (1),

(1) La mort de M. Garnier fut particulièrement touchante. Il était entré
le premier dans une maison où les Mexicains s'étaient retranchés et avait
été frappé mortellement de deux coups de baïonnette et d'une balle ;
Gaston le fit transporter dans la plus aristocratique maison d'Hermozillo,
dont on avait enfoncé les portes à coups de canon. Garnier sourit en se
voyant couché sur un meuble élégant.

La veille, pendant la marche, M. Fayolle, qui était un ténor charmant,
avait chanté la chanson africaine qui commence par ces mots :

Ne croyez pas que c'est le plomb qui tue,
C'est le destin qui frappe et fait mourir !....

— Fayolle est-il mort ? demanda M. Garnier d'une voix faible.

— Oui, hélas ! répondit Gaston, mais vous me resterez, vous !

Le mourant sourit une seconde fois, toucha du doigt les trous de balles
qui criblaient la redingote de son commandant, et, le regardant longuement :

Ne croyez pas que c'est le plomb qui tue,
C'est le destin...

La mort l'empêcha d'achever.

Barchet, Blanc, Taillandier, tous officiers à la tête de leurs sections. M. de Raousset, toujours exposé au plus fort de la fusillade, toujours le premier courant devant ses hommes, n'eut pas même une égratignure. Le nombre des blessés montait à vingt-cinq.

Les pertes de l'ennemi furent beaucoup plus grandes ; s'il faut en croire le dire des habitants, deux cents hommes au moins furent tués ou blessés dans l'action. L'ennemi laissait en outre entre les mains des Français un matériel considérable et beaucoup de prisonniers, parmi lesquels six officiers, dont quatre étaient blessés.

Telle fut cette victoire d'Hermosillo, qui a eu un si grand retentissement dans les deux mondes, qui semblait devoir décider la querelle entre le gouvernement sonorien et l'émigration française, et servir de prélude à une révolution nationale. Cette victoire, contre toutes prévisions, fut stérile ; le signal du soulèvement des pueblos devait être donné par un homme de grande influence, dont le concours ne faisait un doute pour personne. Ce signal, les pueblos l'attendirent en vain : privés d'une direction nécessaire, ils restèrent immobiles, et au moment où M. de Raousset allait agir par lui-même, il fut terrassé par la maladie contre laquelle il luttait depuis deux mois.

Cette maladie terrible, en le privant de ses facultés, enleva à la compagnie le seul homme qui put lui faire tirer parti de son triomphe. Le découragement s'empara bientôt des vainqueurs.

La faiblesse est bien autrement contagieuse que la valeur.

Deux mois avant, M. de Raousset avait dit à ses hommes :

« Votre union, votre organisation, votre bon droit, votre constance, votre courage, vous rendent tellement forts, que vous ne pouvez plus être vaincus que par vous-mêmes. La compagnie ne peut périr que par suicide ! »

Il s'était trompé ; la compagnie n'avait d'autre lien que lui. Sans lui, elle se sentait isolée, perdue, au milieu d'un pays qu'elle faisait trembler devant elle. En présence de cet affaiblissement moral, la prudence ne permettait pas une plus longue occupation d'Hermosillo, et ce fut le désespoir dans l'âme que M. de Raousset donna l'ordre de rallier Guaymas. Guaymas était une ville ouverte, dont l'occupation ne devait pas coûter une goutte de sang ; la compagnie y trouverait des approvisionnements, elle pourrait s'y fortifier et attendre les renforts annoncés de San Francisco et Mazatlan : c'était une dernière espérance.

Les blessés ne pouvant être transportés, on dut les laisser à Hermosillo ; don Manuel Gandara, gouverneur provisoire, les prit solennellement sous sa sauvegarde ; ils furent confiés, de concert avec lui, à D. J. M. Portillo, l'un des premiers négociants de la ville. M. de Raousset écrivit en outre à Mme Aguilar, afin d'appeler sur eux la protection spéciale et les soins des dames d'Hermosillo. Il rendit à la liberté, sans autre objet que d'assurer une protection de plus aux blessés, les officiers mexicains qu'il avait entourés de tous les soins possibles. Ces dispositions prises, la compagnie se mit en marche ; M. de Raousset, demi-mort, était porté en litière.

Le 29 octobre, dans l'après-midi, la colonne n'était plus qu'à trois lieues de Guaymas ; elle campait au rancho de Jesus-Maria. Un négociant français vint apporter à M. de Raousset une lettre de l'agent consulaire de France. Dans cette lettre, M. Calvo priait instamment M. de Raousset de ne pas aller plus loin, de voir le général et de tâcher de faire avec lui un traité qui pût empêcher une plus longue effusion de sang. Le général, de son côté, manifestait le même désir.

Si M. de Raousset n'eût pas senti que les progrès de sa maladie allaient lui rendre impossible la continuation d'un commandement que nul ne pouvait suppléer, il eût fermé l'oreille à toutes les propositions, surtout quand elles étaient transmises par M. Calvo. Il ne fût entré en pourparlers qu'après avoir pris à Guaymas la forte position qu'il venait y chercher. Les circonstances furent plus fortes que sa répugnance.

Il se fit donc porter à San José de Guaymas, à deux lieues de son camp.

Le général s'y trouvait avec une centaine de cavaliers et de fantassins, seuls débris qu'il eût conservés de ses troupes régulières. Une entrevue publique eut lieu ; on y échangea des phrases polies, des protestations banales ; on se borna de part et d'autre à déplorer que les choses en fussent venues à ce point. On se sépara sans rien conclure.

Ce fut le dernier acte de M. de Raousset ; le soir même, il tombait dans une prostration physique absolue ; la dyssenterie était arrivée à son plus haut période de malignité, et pendant trois semaines il se débattit entre la vie et la mort.

Pendant ce temps aussi les intrigues marchèrent, et M. Calvo aidant, la compagnie traitait directement avec le général Blanco. On lui donnait 40,000 piastres d'indemnités, et elle consentait à évacuer la Sonore.

M. de Raousset n'eut connaissance de ce traité que longtemps après; il y demeura complétement étranger. Et quand il partit pour Mazatlan, convalescent à peine, il put, sans forfaire à sa parole, dire au revoir à cette terre sonorienne qu'il avait un moment occupée en maître.

L'effet produit à San Francisco et dans toute la Californie, par la victoire d'Hermozillo, fut immense. Des compagnies de volontaires s'organisèrent spontanément pour aller rejoindre la glorieuse petite troupe. Six cents hommes étaient équipés et prêts à partir, lorsque arriva la nouvelle de la maladie mortelle de M. de Raousset et du traité conclu pendant son agonie. Les enrôlés se débandèrent.

M. de Raousset était à Mazatlan, convalescent à peine, lorsqu'il reçut une lettre de M. Dillon. Le consul de France à San Francisco s'intéressait vivement, on le sait, à M. de Raousset : sa lettre était particulièrement affectueuse et pressante. « Si votre intention est de » recommencer, comme je n'en doute pas, lui disait-il, » revenez ici au plus vite; nous verrons ensemble à » remonter cette affaire. »

M. de Raousset repartit pour San-Francisco, aussitôt qu'il fut en état de supporter le voyage.

Son arrivée fut un véritable triomphe. Chacun s'empressait autour de lui et lui faisait des offres de service. Anglais, Français, Américains, se disputaient l'honneur

5*

de le recevoir et de le fêter. Le consulat de France donna une soirée brillante à son intention. Il fut le *lion* du moment.

Avec la santé, le jeune capitaine eut bien vite retrouvé toute son énergie. Son audace s'accrut de ses revers mêmes : l'idée de retourner en Sonore devint une idée fixe, dont rien ne devait plus le détourner désormais.

Dès les premiers jours de son arrivée à San Francisco, il écrivait ceci à M. Edme de M *** :

« ..... Non, je n'ai pas abandonné l'espérance de triompher dans cette lutte avec la chance contraire où je me suis vu engagé depuis le berceau : Sisyphe roulant sur son rocher éternellement, Jacob luttant toute une nuit contre un fantôme, c'est une image de la vie de certains hommes ; n'est-ce pas un peu la mienne ? Non, je n'ai pas renoncé !

« Lorsque je me suis vu abandonné par mes gens qui, incapables de se conduire eux-mêmes pendant ma terrible maladie, se sont soumis, vainqueurs, à un général vaincu ; lorsque je me suis vu mourant, et ceci a duré six semaines, je n'ai eu qu'une pensée : ressaisir la santé, la force, l'intelligence, la volonté et retourner en Sonore.

« Retourner en Sonore, c'est l'unique pensée de ma vie.

« Voilà bientôt un mois et demi que je suis en Californie ; si j'étais Américain, tout irait de soi-même. J'aurais déjà trouvé, et au delà, les capitaux nécessaires ; je serais déjà reparti. Ma qualité d'étranger m'est un obstacle dans ce pays-ci. Les Américains me témoignent beaucoup d'estime et de sympathie ; je suis, parmi eux, plus apprécié que parmi les Français ; mais l'idée qu'ils se font de l'ambition du gouvernement français, de ses idées d'agrandissement, de ses vues larges et hardies, qui malheureusement n'existent que dans l'imagination susceptible des Américains, tout cela leur fait redouter de placer entre mes mains des armes destinées à se tourner contre eux-mêmes.

« Ils se trompent cependant. Je n'ai malheureusement rien de commun avec le gouvernement français. Mes idées sont en moi, mes moyens ne sont qu'en moi ; les conséquences de mes desseins appartiennent à l'humanité !

« Cette lettre, mon cher Edme, n'est pas destinée à la publicité des journaux ; elle est intime et ne doit pas sortir du cercle étroit des personnes qui s'intéressent à moi. Je serai donc plus explicite et te dirai quelle est aujourd'hui ma situation, quels sont mes projets et mes espérances.

« Lorsque je vis, dès mon arrivée en Sonore, l'hostilité des hauts personnages qui s'étaient ligués pour me voler les mines d'Arizona, je compris qu'avant peu je serais réduit à prendre les armes contre le gouvernement même ou à quitter le pays honteusement. Prendre les armes, c'était proclamer l'indépendance de la Sonore. Je m'assurai promptement qu'une bonne partie du pays y était disposée ; je me fis des partisans, je préparai les esprits à une révolution nationale.

« Cette révolution eût réussi sans la trahison d'un homme sur qui j'étais forcé de m'appuyer ; malgré cette trahison même, elle eût réussi sans l'inconcevable fatalité qui me priva de tous les renforts que j'attendais de Californie, et surtout sans l'horrible maladie qui m'a terrassé. . . . .

. . . . . Aujourd'hui, cependant, ces éléments subsistent tels que je les ai combinés, aujourd'hui, mieux encore qu'il y a un an, ce pays est prêt pour un soulèvement général. Que j'y paraisse demain avec des forces suffisantes, et quinze jours après mon débarquement, la république de Sonore existera.

« Que j'aie à ma disposition une somme de 150 à 200 mille dollars, je réponds de tout : je proclame l'indépendance et j'appelle en Sonore, comme dans une Californie nouvelle, l'émigration de toutes les parties du monde ! Mon expédition se composerait exclusivement de Français, tous anciens soldats et marins ; l'organisation serait absolument militaire, avec toutes ses conséquences. Ces hommes seraient parfaitement prévenus qu'ils vont en Sonore pour se battre, qu'il n'y a de fortune pour eux qu'à la pointe de leurs bayonnettes ; que s'ils sont vaincus, ils seront infailliblement passés par les armes, comme pirates ; qu'il faut vaincre ou qu'il faut mourir !

« A ce point de vue, je n'ai rien à désirer ; tout mon monde est trouvé et il est déterminé, ou jamais hommes ne le furent en ce monde. Si je le voulais, j'aurais ici quatre à cinq mille hommes en moins de quinze jours !

« Dès mon arrivée ici, nombre d'Américains sont venus me voir, me faire des propositions, et je fus presque tenté. J'ai résisté à la tentation. En allant avec des Américains, je perdais mon prestige aux yeux des Sonoriens, car ils détestent leurs voisins du nord. Je n'ai pas voulu me faire l'agent d'une idée qui m'appartient et dont je veux rester le maître. J'ai refusé ces propositions, et je conserve à cette entreprise le cachet individuel que je lui ai donné. Je sais que j'en augmente ainsi les difficultés ; mais si je réussis, je compte, par la même raison, en augmenter l'éclat et les conséquences. . . . . Le moment est bon ! »

Le moment était bon en effet. Jamais peut-être l'état intérieur de la république mexicaine n'avait été plus fait pour justifier des espérances hardies et des projets téméraires.

Du gouvernement, l'anarchie était passée dans les provinces. L'insurrection éclatait de tous côtés : dans l'État de *Guerrero*, dans le *Sinaloa*, dans le *Durango*, les commandants généraux tenaient la campagne. Le président Arista n'avait plus guère pour lui que Mexico, et encore à tous moments s'attendait-on à un soulèvement général. Partout l'impôt était refusé.

Le Président recula devant une lutte impossible, et le 6 janvier 1853 il donna sa démission.

M. Batista Céballos, porté à la Présidence provisoire par une faction assez puissante, put à peine garder le pouvoir pendant un mois. Le 6 février, il était remplacé par le général Manoël Maria Lombardini, homme résolu,

mais borné, qui s'imaginait sauver la république en mul-
tipliant les revues militaires. Au mois de mars, la situation politique n'était plus tenable, la désorganisation de
tous les services amena une crise depuis longtemps
prévue et redoutée. Les caisses publiques étaient vides; les
ministres eux-mêmes ne savaient où prendre leurs
appointements. Chaque jour les soldats, sans solde depuis
plusieurs mois, se mutinaient ; les *pronunciamento* pro-
vinciaux recommençaient de toute part; plus de commerce, plus d'industrie, plus de sécurité. L'émigration
des gens riches se faisait dans des proportions effrayantes:
on prit le parti du désespoir. La dictature fut votée, et
un vaisseau de l'Etat partit pour aller chercher le général
Santa Anna dans son exil.

M. de Raousset mit tout en œuvre pour tirer parti de
cette situation, mais l'engouement des premiers jours
était passé. Pour les uns, il était devenu un embarras ;
pour les autres, un danger ; et chaque jour rendit l'exécution de ses projets plus difficile. Retourner en Sonore
avec une poignée d'hommes était chose aisée, mais aussi,
n'était-ce pas trop tenter Dieu ? Le minimum arrêté dans
son esprit fut un millier de soldats : l'expédition restait
aventureuse, elle n'était plus téméraire. Par malheur,
l'organisation et l'équipement de cette troupe exigeaient
bien au-delà des ressources mises à sa disposition.

Sur ces entrefaites, un Américain, M. Walker, se préparait à envahir la basse Californie. Il s'aboucha avec
M. de Raousset et lui offrit de l'associer à son entreprise.
M. de Raousset refusa le commandement qu'on lui
cédait. Pour lui, Walker et ses gens étaient des flibustiers,
et rien ne justifiait leur invasion. Il ne voulut pas

compromettre par cette association la justice de sa cause, ses droits acquis, les droits de ses compagnons. M. Walker dut continuer son entreprise, pour son propre compte.

Les lettres de M. de Raousset, écrites à ce moment, sont empreintes d'une amertume profonde.

Il écrit à M. de M *** :

« ..... Je me suis laissé aller résolûment dans cette fournaise où j'essaye de fondre ma colonne Vendôme !... Reverrai-je Antonia ? Finirai-je par terrasser le fantôme de Jacob ?

« Quand il me passe par la pensée que tous mes efforts seront peut-être vains ; que je serais encore sans résultats pendant des mois entiers, à la poursuite de mon rêve ; des nuits d'insomnie à me labourer le cerveau avec cette pensée unique ; alors il me prend une sorte de rage aveugle contre tout et contre moi-même ! Il y a ici tant et de si beaux éléments, une si forte espèce d'hommes à jeter à travers l'agonie du Mexique. Et pour faire ces grandes choses, pour nettoyer du gouvernement qui pèse sur elle une terre miraculeusement riche, pour la livrer à l'industrie féconde de la civilisation, il suffirait d'un peu d'or, et cet or je ne l'aurai pas !... Il faut pourtant que je familiarise ma pensée avec ce dernier avortement d'un espoir qui fait ma vie ; sinon, je serai réduit à prendre une arme quelconque et à me débarrasser d'une existence désormais sans but.

« Mon ami, quand on roule d'abîme en abîme à travers les cataractes de la vie, il y a des heures où ceux qui se plaisent le mieux au milieu de ces tourmentes éprouvent une soif ardente de repos, et le repos est impossible. On sent qu'il serait une joie profonde, et l'irrésistible nécessité du mouvement vous emporte malgré vous vers des secousses nouvelles. Quel que soit le milieu où nous vivons, nous obéissons tous à une puissance fatale, génie du ciel ou de l'enfer, qui est en nous, qui nous domine en se jouant, qui nous fait vivre ou qui nous tue !. . .

. . . . Quelle éducation stupide nous recevons en France ! Je voudrais bien savoir à quoi nous ont servi nos dix ans de collége ? Si j'avais vingt ans et que la Sonore vint à me manquer, comme je le redoute, j'apprendrais les dix ou douze langues qu'on parle dans les îles de la Sonde, et j'irais chercher les aventures dans les mers de l'Inde. Il y a beaucoup à faire dans cette patrie du typhus et des diamants ! »

Le 1er avril, le général Santa Anna débarquait à la Vera-Cruz, et les ovations marquaient ses étapes jusqu'à Mexico.

Le nouveau gouvernement était à peine installé, que M. Levasseur, ministre de France, envoyait par l'intermédiaire de M. Dillon, à M. de Raousset, une invitation pressante de se rendre à Mexico. Un sauf-conduit en règle, accompagnait cette invitation. M. Levasseur insistait sur la bonne volonté du nouveau Président, et bien que M. de Raousset ne partageât que modérément cette opinion, il partit au commencement de juin pour n'avoir rien à se reprocher.

A Mexico, comme naguère à San Francisco, le jeune vainqueur d'Hermosillo fut l'objet de l'attention et de la curiosité publique. Le Dictateur lui fit l'accueil le plus distingué.—Je réparerai les injustices de l'administration que je remplace, lui dit-il ; je sais que vous êtes un homme d'idée et de résolution ; présentez-moi un projet ; nous le discuterons ensemble, et comptez sur moi. »

M. de Raousset sortit enchanté de cette première audience. Il se mit aussitôt à l'œuvre, et quinze jours après, il se présentait avec un plan complet. Le Dictateur le paya de belles paroles et ajourna indéfiniment sa réponse.

M. de Raousset prit patience ; ses illusions sur la bonne foi et la bonne volonté du général Santa Anna avaient été de courte durée, mais il était résolu à pousser les choses à l'extrême.

Un mois après, complétement désabusé, il demanda
nettement ses passeports. Le général, pour le retenir plus
longtemps, lui fit aussitôt de nouvelles propositions. Le
projet primitif fut modifié. Les mille hommes furent
réduits à cinq cents. Le gouvernement avançait 250,000 fr.
pour premiers frais d'équipement, et la solde était fixée
à 90,000 fr. par mois. M. de Raousset, s'engagea de son
côté, à exterminer les tribus indiennes, et à assurer la
tranquillité matérielle du pays.

Ce traité amendé, discuté et approuvé en conseil des
ministres, fut signé par le Dictateur. Quinze jours après,
il était annulé sous un prétexte dérisoire.

La patience commençait à manquer à M. de Raousset.
Il eut avec le général Santa Anna une de ces explications
violentes que les gens de cœur comprennent, mais que
les politiques condamnent. Le général, pour calmer son
juste ressentiment, se rejeta sur des généralités, déplora
de ne pouvoir tenir sa parole et finit par lui offrir un
régiment dans l'armée mexicaine. M. de Raousset refusa.

— « Je regrette, dit-il, que Votre Altesse n'ait pas compris qu'on ne pouvait faire des propositions de ce genre
à un homme tel que moi. Vous me traitez comme un ambi-
tieux, général, et rien ne vous y autorise. Vous m'offrez
des faveurs personnelles quand je demande justice en
mon nom et au nom de braves gens spoliés comme moi.
Mais si j'acceptais, quelle idée auriez-vous de moi? quelle
idée en auraient mes mandataires? J'ai l'honneur d'être
Français, général; quand j'ai donné ma parole, je la
tiens ! »

La hautaine fermeté de ce langage acheva d'indisposer
le Dictateur. On se sépara froidement pour ne plus se

revoir. Ces vaines négociations avaient duré quatre mois.

On conçoit facilement à quel degré d'irritation M. de Raousset en était arrivé. Le désir de se venger du général Santa Anna s'empara de lui au point de lui faire perdre de vue pendant quelque temps la Sonore, sa préoccupation constante. Il se lia avec les généraux mécontents et devint l'âme d'un complot. Il risqua sa tête : une main mystérieuse l'avertit à temps du péril qu'il courait. Le Dictateur, instruit de tout par un des conspirateurs mêmes, devait le faire arrêter le lendemain, malgré son sauf-conduit. Il était minuit quand l'avis de cette arrestation parvint à M. de Raousset. Sans perdre aucune minute, il sauta à cheval, sortit de la ville et partit seul, à franc étrier, à travers les plaines. A l'aube, il était déjà à quinze lieues de Mexico.

A peine de retour à San Francisco, M. de Raousset se remit à l'œuvre avec une ardeur farouche. Au désir d'accomplir de grandes choses, se joignait le désir de venger une insulte. Chaque jour, des lettres arrivaient de Sonore, présentant le pays comme à bout de patience et n'attendant que son débarquement pour se soulever. M. de Raousset fit des efforts inouïs : les hommes étaient prêts, mais l'argent manquait toujours. Il se consumait sur lui-même et son impuissance l'exaspérait. Ce qu'il dépensa d'énergie, d'éloquence, d'habileté pour amener un résultat, ne saurait se dire. Par moments, un découragement profond s'emparait de lui, mais à la moindre lueur entrevue, il retrouvait toute sa patience, tout son courage, toute son obstination. On ferait un livre avec le récit de ses tentatives de tout genre.

Ses lettres, on le pense bien, sont loin d'être des

modèles de résignation et de douceur ; toutefois, la colère ne lui enlève rien de son coup d'œil large et sûr : l'homme seul s'irrite.

« . . . . Vous vous étonnez, mon ami, écrit-il le 14 décembre 1853, que je compte si peu sur l'appui que peuvent me donner mes amis en France. Hélas ! je crois à l'égoïsme, à la lâcheté, à la cupidité, à toutes les turpitudes. Je crois peu, je l'avoue, aux dévouements aveugles, les seuls dont j'aie besoin. Il y a quatre ans bientôt que je porte en moi cette idée, je la retournais dans ma tête quand nous vivions ensemble dans les déserts californiens ; j'en ai parlé à tout le monde, aux intelligents, aux riches ; eh bien ! excepté les pauvres aventuriers, les désespérés de la vie, les enragés de la misère, qui donc s'y est associé ? En Sonore, j'exaltais le courage de mes hommes en leur parlant de la France ; qu'à fait pour nous la France ? Et cependant, qui peut nier qu'elle est la première intéressée à mon succès ? . . . . . .

. . . .

D'un jour à l'autre, la Sonore, Sinaloa, les hauts et magnifiques plateaux de Durango et de Chihuahua vont devenir la porte des Américains. Il s'agit de les prévenir. En jetant sur cette partie du Pacifique les fondements d'un peuple nouveau, c'est une barrière qu'on élève, c'est une puissance rivale qu'on prépare, et dans un avenir prochain cette rivalité serait l'équilibre du continent américain.

« On s'émeut en Europe de l'agrandissement des Etats-Unis ; on a raison. S'ils ne se disloquent pas, s'il ne s'élève pas à côté d'eux une puissance rivale, par leur commerce, par leur marine, par leur population, par leur position géographique sur les deux océans, les Etats-Unis seront les véritables maîtres du monde. Dans dix ans, il ne se tirera pas un coup de canon en Europe sans leur permission. . . . . . .

. . . .

N'oubliez pas que l'indépendance de la Sonore serait proclamée par les Sonoriens eux-mêmes ; que je ne débarquerais dans leur pays qu'appelé par eux. Le pays est si riche que l'émigration est certaine. Quelques années doivent suffire pour assurer son indépendance et le mettre en état de seconder la politique européenne. Aussi bien que la France, l'Espagne, et l'Anglerre sont intéressées à ce résultat. Qu'elles ne comptent pas sur le Mexique ; il n'arrêtera rien, il n'empêchera rien. Aveuglement, ignorance, fanatisme niais, haine de l'étranger, vices invétérés, impuissance radicale, voilà le Mexique, mon ami. Au moment même où je vous écris, cinquante Américains tentent de s'emparer de la basse Californie et vont réussir peut-être ; voilà les Etats-Unis. Maintenant, concluez. . . . . »

Enfin, au commencement de janvier 1854, M. de Raousset parvint à intéresser des capitalistes sérieux à son entreprise ; trois cent mille dollars furent souscrits par trois maisons réunies. C'était plus qu'il n'en fallait pour tenter l'aventure. Les enrôlements recommencèrent. Un homme sûr fut expédié à Guaymas, et Gaston s'enquit d'un navire pour le transport. L'affaire était faite.

XIV

Tout à coup, une terrible nouvelle vint tout remettre en question : Santa Anna, disait-on, vendait la Sonore aux Etats-Unis.

Laissons M. de Raousset raconter lui-même ce dernier désastre de ses illusions obstinées :

28 janvier 1854.

« En vérité, mon cher ami, si je ne craignais d'être ridicule, je dirais qu'un malin génie s'attache à mes pas pour me priver, au moment où je vais en jouir, du fruit de mes laborieuses combinaisons.

« Malgré l'égoisme étroit qui caractérise les marchands ou les loups-cerviers de ce pays-ci, j'étais parvenu à réunir les capitaux nécessaires pour envahir la Sonore avec un millier d'hommes. Dès que j'aurais été maître de Guaymas et de la Douane, je me trouvais en main des ressources suffisantes pour y rassembler une armée d'enfants perdus disposés à tout tenter contre les promesses de l'inconnu. Ajoute à cela le parti considérable que j'ai en Sonore même... J'ai réuni les moyens, les armes, les navires, les subsistances, les hommes ; je n'ai plus qu'à partir. Encore huit jours, et je vogue sur la mer, comme Rollon, avec des compagnons qui valent bien les Normands... Eh bien ! voici que des lettres nous arrivent de Mexico, annonçant la vente de la Sonore aux Etats-Unis. . . . .

« Mon rêve s'évanouit, et ce qu'il y a de plus désolant, c'est que j'ai la certitude que la nouvelle est fausse... Mes bailleurs de fonds le croient aussi ; mais, dans le doute, l'argent, qui est chose sainte, délicate, sacrée, l'argent ne se hasarde pas ainsi. Ces messieurs veulent attendre les nouvelles. Si la Sonore n'est pas vendue, on m'assure les moyens de la conquérir. Mais les idées changent si vite ! Les marchands de chandelles et de mélasse, les épiciers obtus, les banquiers rapaces, les imbéciles qui sont tout parce qu'ils ont de la monnaie, ces lâches voleurs, que Dieu confonde ! sont hardis aujourd'hui, demain timides. Ils flairent *un beau coup*, ils promettent. Qu'est-ce qu'un mensonge pour ces gens ?

« Quelle idée cependant, quelle idée fut jamais mieux faite pour être comprise par un homme ayant de l'argent au service d'une haute intelligence et d'un cœur sympathique. Mais allez donc demander de l'intelligence et du cœur à cette synagogue d'usuriers qu'on appelle San Francisco ! Il y a ici d'honnêtes filous qui possèdent dix millions ; il y a des misérables qui volent ou perdent cent mille piastres dans une seule nuit de jeu ; il y a des gredins qui jettent en un an vingt-cinq ou trente mille francs de rente sur le ventre d'une c . ., et tout ce monde ignoble, Américains et Français, ne consacrerait pas une obole à la fécondation d'une idée qui peut donner l'aisance à des milliers d'hommes, ouvrir à l'humanité une voie nouvelle. Pas un de ces millionnaires, en qui quelque chose de noble rachetât ces millions honteux, qui soit venu me dire : — Je vous ai compris, ce que vous faites est grand. Il vous faut de l'argent, en voici ! C'est peu de chose pour moi, pour vous c'est tout. Réussissez ! — Non ! ceux qui donnent ne le feront qu'avec l'espoir de tirer une grosse usure de mon sang et de celui de mes compagnons. ... C'est un marché ; ils y mettent leur argent, moi, ma tête ! . . . . Oui, mon idée est grande !

« Le Mexique est un pays où la civilisation ne peut entrer que violemment. Ce que Fernand Cortez a fait pour l'empire des Astèques, il faut le recommencer aujourd'hui ; il faut qu'une race plus forte vienne prendre la place des descendants énervés de ce grand homme, mélange impuissant de deux races également abâtardies, métis hispano-indiens, pires que les peuples dont il fit cadeau à Charles-Quint.

« Un peuple n'a pas le droit aujourd'hui de laisser ses champs infertiles, ses mines enfouies, ses frontières murées ; il faut périr ou marcher avec les siècles.

« Ici, des milliers de Français languissent dans la misère. Anciens soldats pour la plupart, n'ayant pas l'habitude du travail, n'exerçant aucun état, ils ne servent de rien dans la société californienne, et cependant ils peuvent rendre au monde entier un service signalé en ouvrant à l'industrie de tous les peuples ce pays fermé, qui certainement n'a pas son rival sur le globe.

« S'agit-il de recommencer les invasions du moyen-âge, de voler et de massacrer, de crier : *Væ victis*, et d'établir le servage ? Non, certes ! Cet abus de la force serait encore dans nos mœurs qu'il n'est pas dans mon caractère. Mes hommes auront une solde et des terres ; chaque individu se trouvera classé selon sa valeur dans la patrie nouvelle. Ils portent avec eux la prospérité et non la désolation. Le peuple de Sonore le sait bien : il est pour moi. Contre moi, j'ai les grands propriétaires; l'oligarchie qui pressure cet infortuné pays, qui trouve son compte dans l'exploitation des pauvres diables, et qui voit dans l'introduction d'un élément plus éclairé la fin de sa puissance.

« Oui, mon idée est grande, noble, pleine de promesses ! Elle a mieux que l'attrait d'un roman, que l'éclat d'une aventure. Mais on ne sacrifie guère d'argent à une idée. Y pensez-vous ? un résultat qui n'intéresse *que* l'humanité ? Passez votre chemin, mon brave ; on ne peut rien ici pour vous !... Oh ! cette vente ! si elle était réelle pourtant !... Je n'en dors plus ! . . . .

Pour comble de malheur, à ce moment même, une partie de la correspondance de M. de Raousset avec les ennemis de Santa Anna était livrée par un misérable au gouvernement mexicain. Si nous ne donnons pas ici le nom de cet homme, c'est seulement à cause de l'honorable famille à laquelle il appartient. C'est un Français, hélas ! et un vieillard à cheveux blancs !

Le gouvernement mexicain publia cette correspondance, et, dans ses journaux, M. de Raousset fut qualifié de *traître*. L'attaque était publique, la réponse fut publique ; tous les journaux californiens du 1er mars ont publié la lettre suivante :

San Francisco, 28 février 1854.

« Monsieur le chargé d'affaire de France à Mexico.

« Je trouve dans l'*Universal* une correspondance de moi, interceptée ou plutôt vendue. Ce journal y voit un acte de trahison, et publie à ce propos un article très-injurieux pour moi, sans que vous ayez cru devoir le relever, quand vous en connaissiez toute l'injustice. La légation de France, à Mexico, s'est montrée fort réservée, lors de mes rapports avec le général Santa Anna ; cette attitude était conforme sans doute à ses instructions ; mais il m'est difficile d'admettre que la réserve officielle aille jusqu'à me laisser injurier sans motifs par un journal mexicain. Je me dois à moi-même de rectifier les faits, et je me vois dans la pénible nécessité de publier la lettre que j'ai l'honneur de vous écrire.

« L'*Universal* se trompe grossièrement en disant que j'ai offert mes services au général Santa Anna ; vous savez le contraire, et j'en appelle à votre témoignage. Vous savez que M. Levasseur, ministre de France à Mexico, écrivit à M. Sainte-Marie, vice-consul à Acapulco, à M. Dillon, consul à San Francisco, et à moi-même. Il le fit dans les termes les plus pressants, afin de m'engager à venir au Mexique ; il le fit sur la demande même du général Santa Anna. J'y consentis avec peine ; J'avais peu d'espoir, et je l'exprimai à M. Levasseur. Il est donc faux que j'aie offert mes services. La correspondance dont je parle vous est parfaitement connue.

« L'*Universal* se trompe également en disant que j'ai fait diverses propositions au gouvernement mexicain ; vous savez que je me suis borné à répondre à celles qui m'ont été faites. Vous avez assisté jour par jour à tout ce qui s'est passé. Nul projet de ma part n'a été présenté, si ce n'est sur la demande expresse du général Santa Anna. Vous le savez, et j'en appelle à votre témoignage. Un mois après mon arrivée à Mexico, déjà désabusé sur la valeur de ces promesses familières au gouvernement mexicain, et qui jamais n'aboutissent à rien, je vous écrivis à vous-même afin de déclarer ma résolution de retourner en Californie. Le Président me fit aussitôt de nouvelles propositions, et j'eus la simplicité de croire à leur bonne foi. Un traité fut discuté et approuvé en conseil des ministres, ce qui était de sa part comédie et mensonges.

« Il me fut fait aussi des propositions toutes personnelles, et il ne me convint pas de les accepter. En consentant à aller à Mexico, je n'étais pas préoccupé de mes seuls intérêts ; beaucoup de braves gens avaient été, comme moi, spoliés en Sonore ; ce n'était pas seulement ma propre affaire, c'était la leur que j'entendais traiter avec le général Santa Anna.

« J'ai donc passé quatre mois à Mexico, toujours à la disposition du gouvernement mexicain, me bornant à écouter ses propositions, toujours promené de projets en projets, de paroles en paroles, n'espérant pas beaucoup, mais voulant, avant de me résoudre à agir en ennemi, épuiser toute patience pour obtenir une juste réparation aussi convenable aux intérêts du Mexique qu'à ceux de mes compagnons. L'*Universal* m'accuse d'ingratitude ; en vérité, j'aimerais à savoir ce qui m'obligeait à la reconnaissance, et si, tout au contraire, ne motivait pas mon ressentiment.

« Veuillez, Monsieur le chargé d'affaires, consulter vos souvenirs, ils vous rediront nos conversations : « Que le gouvernement mexicain traite avec moi, je le servirai fidèlement ; mais s'il m'a fait venir ici pour me jouer, c'est un affront dont je me vengerai certainement. » Tel est le langage que je vous ai tenu, non pas une fois, mais souvent. Permettez-moi de vous rappeler que j'ai eu l'honneur de vous dire à plusieurs reprises : « Jusqu'au dernier moment, c'est-à-dire jusqu'au jour où j'aurai pris les armes contre lui, il sera temps pour le général Santa Anna de traiter avec moi. » J'ai poussé la franchise jusqu'à parler dans le même sens au consul mexicain lors de son arrivée à San Francisco. Il me répugnait d'en venir à de violentes extrémités ; j'espérais une solution conforme aux vrais intérêts du Mexique et à ceux des hommes qui pensent comme moi. Toute conspiration devenait superflue le jour où le général Santa Anna se fût décidé à nous donner accès dans un pays que des milliers de braves gens considèrent comme une seconde patrie. — Vous connaissez, Monsieur le chargé d'affaires, tous les faits que je viens de relater. Mon ressentiment, et les conséquences qui allaient en résulter, n'étaient point un mystère pour vous. Il m'est donc difficile d'admettre que la légation de France ait cru devoir permettre à l'*Universal* d'outrager calomnieusement le caractère d'un homme venu à Mexico sous la protection du ministre français. Abandonné par vous, Monsieur le chargé d'affaires, je me vois à regret forcé de redresser moi-même des imputations flétrissantes et de donner à ma lettre une publicité qu'exige celle de l'accusation.

« En résumé, le gouvernement mexicain a refusé de réparer les iniquités et la spoliation indignes commises par son prédécesseur. Le 27 octobre, toutes mes illusions sur la bonne volonté et sur la bonne foi du général Santa Anna s'étaient évanouies; tout rapport entre nous était rompu. En commençant à m'armer contre lui, dès ce jour, j'usais de mon droit.

« Le 27 octobre, j'étais un conspirateur; soit : mais un traître!... Je crois, Monsieur le chargé d'affaires, que vous auriez pu, sans compromettre votre caractère officiel, faire rectifier cette insulte imprimée par l'*Universal*. Dans les actes présents de ma vie, je sais très-bien que je joue ma tête : l'honneur demeure inattaquable.

« Oui, j'ai conspiré et je m'en glorifie! Indignement spolié par les agents du gouvernement mexicain, mis en demeure par eux de *renoncer à ma nationalité* ou de quitter la Sonore, il n'existait aucun tribunal dans le monde auquel mes compagnons et moi pussions appeler de cette iniquité. La légation de France a été jouée comme moi-même par le général Santa Anna; or, je ne suis pas de ceux qui plient sous une insulte. Le général Santa Anna m'a mis lui-même au nombre de ses ennemis. Conspirer avec eux, m'unir à eux pour le renverser, c'est mon droit. La chute du Dictateur est un fait facile à prévoir; l'histoire du passé n'est-elle pas toujours celle de l'avenir! Je suis patient, et je sais

6

attendre. — Depuis la découverte de mes projets, la peur a fait sur ce gouvernement ce que n'avait pu obtenir la persuasion. On s'est décidé à faire aux Français de Californie des propositions dont vous appréciez certainement le vrai motif et le but ; je doute que vous vous portiez garant de leur sincérité. En ce qui concerne la colonisation mexicaine, permettez-moi de vous rappeler la lettre que j'eus l'honneur d'écrire à M. le ministre de France le 1er juillet 1852. Si mes projets personnels causent quelques inquiétudes aux chancelleries françaises, la situation faire aux Français dans le Mexique mérite aussi quelques considérations. »

Malgré cette protestation, M. de Raousset fut mis officiellement hors la loi mexicaine, et cet événement mit à néant ses dernières espérances. Les traités conclus furent annulés ; personne ne voulait plus entrer en relation d'affaires avec un homme mis hors la loi !

Tout semblait désespéré, lorsqu'une dernière chance de salut fut offerte par le gouvernement mexicain lui-même.

Dans le but de paralyser l'action du *comte*, en le privant de ses soldats, le consul mexicain venait de recevoir l'ordre d'engager deux à trois mille Français, comme colons militaires en Sonore. Faire partir par l'intermédiaire du consul, à son insu, aux frais du gouvernement mexicain lui-même, tous les Français qui devaient concourir à son expédition, c'était un coup de la Providence : c'eût été une faute énorme de n'en pas profiter. M. de Raousset s'occupa activement de réunir son monde. Ses gens allèrent en grand nombre se faire inscrire sur les listes du consulat, et quelques jours après, huit cents hommes, commandés par MM. Lebourgeois Desmarais et Martincourt (ancien officier de la première expédition), s'embarquèrent sur le *Challenge*.

Au dernier moment, les autorités américaines s'opposèrent au départ. Une action fut intentée par elles au
consul mexicain, et, en attendant la suite du procès, cinq
cents des hommes enrôlés furent débarqués. Le *Challenge*
partit le dimanche, 2 avril 1854, emportant seulement
trois cents hommes, dont cent cinquante à peine étaient
connus de M. de Raousset.

C'était un premier mécompte; il eût été sans importance si le consul avait pu continuer ses envois par
petites troupes; mais les Américains mirent entrave à tout.
Le procès du *Challenge* et l'arrestation de M. Dillon ont
eu assez de retentissement, pour que nous nous dispen-
sions de les raconter ici.

Il eut pour principal résultat de faire abandonner par le
gouvernement mexicain ses projets de colonisation militaire et française.

« Tout me crève dans la main, écrit M. de Raousset à M. de L...;
mais je ne renonce pas, non! je ne renoncerai pas! La vie n'est rien.
J'y laisserai ma tête, s'il le faut; mais je jouerai la partie jusqu'au
bout! »

Cependant, M. de L***, revenu en France, s'occupait
activement de venir en aide à son ami. Un puissant per-
sonnage avait promis d'appuyer de tout son pouvoir pour
décider le gouvernement à faire quelque chose. C'est à
ces négociations, dont nous devons nous interdire de
parler et qui n'ont abouti à rien, que se rapporte l'extrait
suivant de sa correspondance. Nous le donnons pour
montrer une fois de plus quelle préoccupation vraiment
française était au fond de ses projets.

[29 avril 1854.

« . . . . Je vous l'ai déjà dit, je ne saurais trop le répéter, le danger est ici et non ailleurs. Comment est-il possible que l'Europe s'en inquiète si peu ? La régénération du Mexique est une nécessité politique du premier ordre.

« Un temps va venir, je le sais bien, où l'intérêt européen sera vivement froissé par l'extension formidable des États-Unis. Mais ne devrait-on pas s'en alarmer déjà ? Ce peuple qui, dans une espace de cinquante ans, est devenu ce qu'il est ; qui menace Cuba, le Canada et le Mexique ; ce commerce sans rival dans sa hasardeuse énergie, dont les navires font le tour du monde et frappent aux portes du Japon : ce peuple et ce commerce, je vous le dis, seront les maîtres du monde avant vingt ans !

« Il faut donc une barrière. Où est-elle ? Qu'une guerre éclate demain, et, quoi qu'en puissent dire les plumitifs diplomatiques, je défie que l'alliance du Mexique soit d'aucune utilité. L'état intérieur de ce malheureux pays ne peut que se gâter de plus en plus entre les mains de la race abâtardie qui l'habite. Le Mexique ne peut se relever que par la conquête !

« Ne vous étonnez pas, mon ami, de me voir embrasser le Mexique entier ; je n'ose pas dire que c'est dans mes plans, mais c'est dans la force des choses. J'ai la conviction que mon œuvre à moi, l'établissement des Français en Sonore, ne sera que le premier pas de la France vers l'occupation de ce magnifique pays. On l'eût soumis vingt fois avec le quart des efforts dépensés en Afrique depuis 1830. Ce ne sont pas ici des populations guerrières, mobiles, insaisissables, attachées à d'autres mœurs, à d'autres idées, au fanatisme d'une autre croyance. Ce sont de grandes villes ; des peuples ignorants, dociles, rompus au joug ; une administration, un gouvernement, une armée, des formes, une religion, des aspirations semblables aux nôtres. Ici nous n'aurions rien à changer. Il suffirait de rendre la vie à ces fictions de gouvernement et d'armée. Avec vingt mille hommes, je me charge de maintenir ces populations dans une obéissance passive, alors même qu'elles seraient hostiles.

« Je vous expose mon idée dans des conséquences politiques ; les banquiers ont beau dire, c'est là une idée grande, une idée féconde, j'y voue ma vie ; j'y donnerai tout mon sang s'il faut ! . . . . . . »

On était en mai : le temps s'écoulait et la situation allait empirant. M. de Raousset craignit qu'un ajournement plus long ne lui fût imputé à crime par les Français déjà arrivés à Guaymas ; malgré l'exiguïté de ses ressources, le départ fut résolu.

La lettre suivante l'annonce à M. de L***. Elle est empreinte de son énergie accoutumée, mais le désenchantement s'y montre à chaque ligne. M. de Raousset va à sa destinée sans illusions.

San Francisco, 15 mai 1854.

« . . . . Votre silence me fait supposer que nous n'avons rien obtenu. Je m'y attendais ; il ne me reste plus qu'à agir.

« Il est parti le 2 avril par le *Challenge* près de quatre cents hommes. Ils ont dû arriver à Guaymas depuis quinze jours. La plupart de ces hommes ne sont partis que dans la conviction de ma venue presque immédiate. Je suis surveillé de très-près par la police américaine ; les capitalistes, effrayés de cette hostilité, ne veulent pas hasarder un centime ; je suis seul, et seul il faut que j'agisse.

« Je viens d'acheter un petit boot de dix tonneaux et je m'y embarquerai moi huitième avant la fin de la semaine. Si je trompe la surveillance qu'on exerce ici sur tous mes mouvements, si j'échappe aux croiseurs américains et mexicains ; si j'arrive sur la côte du Mexique après avoir parcouru les six à huit cents lieues qui me séparent de Guaymas ; si je puis entrer en communication avec la terre, je verrai si mes hommes sont encore dans la ville ; s'ils y sont, je débarque immédiatement.

« Si mes Gaulois, découragés par de faux rapports, démoralisés par six semaines d'attente, se sont dispersés et ont pénétré dans l'intérieur, alors je tâcherai de les réunir, chose difficile et lente. Il me faudra croiser dans le golfe pendant quinze jours au moins, et échapper à toute observation.

« Si je puis en réunir deux cents, je m'emparerai de Guaymas, je m'y établirai et je tâcherai de tirer des renforts de Californie.

« Une fois maître de Guaymas, je ne bâtis pas de système et je compte sur l'imprévu.

« Voilà où j'en suis réduit; vous savez ce que je pouvais faire si j'avais été appuyé; je suis convaincu que j'ai dix chances contre une dans cette hasardeuse entreprise. Les Mexicains m'ont mis hors la loi. Si je suis pris, je finirai comme un pirate ! . . . .

« Adieu, pour toujours probablement...

« RAOUSSET-BOULBON. »

Le départ avait été fixé pour le 25. Dans la nuit du 23, par un temps affreux, un ami dévoué, M. Hector C***, traversa la baie, en canot, au péril de ses jours, et vint prévenir M. de Raousset qu'un mandat d'amener allait être lancé contre lui. Il fallut brusquer le départ. Le capitaine américain hésitait, il fut saisi, garrotté et jeté à fond de cale, et le 24 à neuf heures du soir, le petit navire (*the Belle*) quittait San Francisco. Le temps était horrible.

M. de Raousset emmenait avec lui quatre amis, le docteur Pigné Dupuytren, M. Edgard de Dion et MM. X. et X. A son grand regret, il dut abandonner ses canons, le navire était trop faible pour les porter. En se séparant de M. Hector C***, il lui confia les deux lettres suivantes, écrites à l'avance à tout événement.

On comprendra le sentiment qui nous fait remplacer par des initiales les noms des personnes à qui ces lettres sont adressées, ces personnes occupant encore à cette heure des positions importantes et officielles.

A MONSIEUR***, A SAN FRANCISCO.

« Lorsque vous recevrez cette lettre, j'aurai quitté la Californie, et il ne sera plus au pouvoir de personne d'empêcher mon arrivée en Sonore. Moins que tout autre, vous deviez être informé à l'avance de ce départ, parce que vous y auriez fait une formelle opposition. Au moment de prendre une décision aussi grave, je me dois à moi-même de vous en dire les motifs. Je ne veux laisser ni à l'erreur ni à la malveillance la faculté de dénaturer mes projets ni de ternir ma mémoire si je dois succomber dans mon entreprise. . . . . »

Suit un rapide exposé de tous les faits que le lecteur connaît déjà. M. de Raousset termine ainsi :

« S'il faut en croire la rumeur publique, dès l'arrivée des Français à Guaymas, les autorités ont essayé de les disperser. Leur résistance toute naturelle a fait naître un conflit. Bien qu'on puisse douter de l'exactitude de cette nouvelle, je la crois assez probable pour faire de mon départ un devoir impérieux. En les attirant en Sonore, le gouvernement mexicain, comme on ne peut en douter à la lecture des instructions adressées à son consul, n'a pas eu d'autre but que de paralyser leurs moyens d'action ; il est juste que ce gouvernement porte la peine de sa perfidie !

« En rendant compte de mes préparatifs, en publiant des conjectures sur mes projets, les journaux américains les ont confondus souvent avec les entreprises qualifiées de *flibusterisme*. Le gouvernement mexicain affecte d'y voir un acte de piraterie. Vous connaissez mes projets, Monsieur ; vous savez ce qui les distingue essentiellement de ce genre d'expéditions. Étrangers à la Sonore, nous n'avons pas le droit de prendre l'initiative, même pour son bien : cette initiative appartient aux habitants. Or, ils la prennent et ils nous appellent ; notre droit est de répondre à cet appel. C'est donc à une révolution toute nationale que nous allons prêter le concours de nos armes. . . . .

« . . . . Les correspondances et les nombreux rapports que nous recevons ne laissent aucun doute sur les dispositions des habitants. Leur volonté raisonnée, fondée, définitive, est de constituer un gouvernement local, éclairé et fort ; d'appeler l'émigration ; de rendre à l'industrie humaine un pays magnifique, condamné par une administration déplorable à la plus atroce misère. La seule ambition des Français est de concourir à cette révolution qui intéresse l'humanité tout entière ; la mienne, Monsieur, est de m'y consacrer tout entier et de périr, s'il le faut, pour en assurer le succès !

. . . .

« . . . . . Il est à craindre que de pareils résultats ne puissent s'obtenir sans une lutte sanglante contre certains hommes qui trouvent leur intérêt à maintenir le peuple sonorien dans une servitude qu'il déteste et dont il veut s'affranchir. . . . .

« Vous le voyez, Monsieur, je ne fais que constater des faits bien connus de vous. Appuyés sur la population même, luttant avec elle contre quelques tyrans riches et perfides, soutenus seulement par une clientèle mercenaire, nous avons le droit de repousser énergiquement toute qualification injurieuse de nos desseins. Il est à déplorer, je le répète, que leur exécution ne puisse avoir lieu sans effusion de sang ; mais à qui la responsabilité ? Mon projet de colonisation, adopté par le gouvernement mexicain, pouvait faire la fortune de la Sonore et satisfaire les justes réclamations des spoliés d'Arizona. On nous a joués, moi et mes compagnons. Nous allons agir. . . . .

« J'ai cru, Monsieur, devoir entrer dans ces développements afin d'établir nettement quel est le caractère de mon entreprise et quel est le rôle que les Français vont jouer en Sonore.

« J'ai l'honneur, etc.

« Comte DE RAOUSSET-BOULBON. »

A MONSIEUR LE***, A MEXICO.

« Vous trouverez ci-joint, Monsieur, la copie d'une lettre que j'adresse à M..., à San Francisco. Je n'ai rien à y ajouter en vous écrivant à vous-même. Elle explique ma conduite et justifie mon départ.

« En m'appelant à Mexico, en m'y retenant quatre mois sans aucun résultat, le général Santa Anna m'a mis lui-même les armes à la main.

« Je déclare solennellement, sur mon honneur de gentilhomme et sur ma foi de chrétien, que si le général Santa Anna se fut confié à ma loyauté, je l'aurais servi fidèlement. Sa méfiance est un outrage que je n'ai pas mérité. C'en est un pour vous-même, et vous avez dû le ressentir ainsi.

« Ce que j'entreprends aujourd'hui contre le général Santa Anna donnera la mesure de ce que je pouvais faire pour lui.

« . . . . Aujourd'hui, Monsieur, je ne fais pas de propositions, parce qu'elles ne seraient pas convenables ; je ne menace pas, parce que je n'en ai pas encore le droit, je me borne à bien constater ce qui est.

« Je ne sais pas encore si je trouverai mes compagnons à Guaymas ; il se peut même que je sois pris avant d'y arriver ; mais le jour où je les aurai rejoints, lorsque je les aurai derrière moi, armés déterminés et secourus par leurs camarades de Californie, les souvenirs d'Hermozillo ne sont pas tellement effacés que le général Santa Anna ne puisse calculer la résistance dont je serai capable.

« Quelle sera pourtant ma situation ? Que veulent mes compagnons ? Ce qu'ils voulaient en 1852, ce que j'ai demandé en vain à Mexico, c'est-à-dire justice : Arizona, c'est-à-dire leur propriété et la mienne. Ce n'est pas la vengeance qui nous anime, c'est le sentiment du droit et le parti pris de le faire respecter. . . . .

« J'aime la Sonore, Monsieur ; je voudrais servir ce pays, le protéger, le féconder. Je suis toujours prêt à me dévouer avec enthousiasme aux idées que vous m'avez connues, mais je ne sais pas reculer là où mon honneur est engagé.

6 *

« J'obtiendrai justice ; j'établirai mes compagnons en Sonore ou je mourrai les armes à la main !

« J'ai l'honneur, etc.

« Comte DE RAOUSSET-BOULBON. »

La traversée dura trente-cinq jours : elle fût pleine de fatigues, de tourments physiques et moraux, et signalée par un naufrage et des privations inouïes. Le 27 juin, on était en vue de Guaymas.

XV

A *San José du Cap*, on avait relâché pour faire de l'eau, et on avait eu des nouvelles. Guaymas était tranquille. Les Français, au nombre de 300, occupaient une caserne, organisés en bataillon et armés; la garnison mexicaine était peu nombreuse.

Deux des compagnons de M. de Raousset débarquèrent le 28 sur la côte à quelques milles de Guaymas, pour porter des ordres à M. Desmarais. Toute son espérance était dans un coup de main énergique; ses ordres portaient en substance : « Cette nuit même, réunir les hommes en silence; se porter en force au quartier mexicain; — envoyer quelques hommes prendre possession des différents postes; — prendre des mesures pour que les autorités civiles et militaires soient arrêtées et mises en lieu sûr; — éviter surtout qu'il leur soit fait aucun mal; à l'aube, être maître de la ville. »

Par malheur, les deux envoyés, arrivés à un demi-mille de Guaymas, furent arrêtés par un poste, désarmés et conduits en prison. Pour arriver à la prison, il fallait traverser une partie de la ville. Dans le trajet, ils furent reconnus par quelques personnes, et en un instant le bruit se répandit que le *comte* était débarqué. L'émotion produite par cette nouvelle est indicible.

Le coup de main était manqué ; après deux jours de détention , les prisonniers furent relâchés , et M. de Raousset entra directement en relation avec M. Desmarais et le général Yanès, commandant la province.

Le 1er juillet, il lui fit demander une audience. Son Excellence l'accorda sur-le-champ , et une entrevue eut lieu le soir même à onze heures.

Les rapports faits à M. de Raousset lui avaient présenté le successeur du général Blanco comme pouvant être disposé à entrer dans ses vues. La réaction contre la dictature de Santa Anna commençait à devenir sérieuse. Dans l'Etat de Guerrero, le général Alvarez venait de faire une levée de boucliers. Le général Yanès pouvait en faire autant en Sonore. L'entretien dura deux heures ; à peine si, durant tout le temps de cette entrevue , il fut question des mines d'Arizona. Le général se montra fort aimable , mais aussi fort réservé. M. de Raousset fut autorisé sans difficulté à séjourner dans la ville.

Il alla loger chez un ancien ami , M. Pannetrat , riche négociant de la Nouvelle-Orléans.

La nouvelle de l'arrivée de M. de Raousset se répandit rapidement dans l'armée; parmi les officiers mexicains , les uns le voyaient avec répugnance; d'autres, au contraire, semblaient très-satisfaits. Il arriva que lorsque le *comte* traversait une rue ou une place publique , des officiers se levaient et le saluaient : un jour même qu'il passait devant le quartier général mexicain , le poste sortit et lui présenta les armes. Le bataillon français , très-démoralisé au moment de son arrivée , reprit toute son assurance.

Cependant les intérêts , qui déjà une première fois

s'étaient ligués contre la colonisation française, se sentant directement menacés par l'arrivée de M. de Raousset, redoublèrent d'efforts pour amener un conflit. Le gouverneur fut entouré ; la populace ameutée, les calomnies les plus absurdes répétées avec une persistance infatigable. Le 8 juillet, une dernière entrevue devait avoir lieu, la ligue obtint du gouverneur qu'il ne recevrait pas le comte. L'irritation fut bientôt partout, et des rixes nombreuses s'ensuivirent.

Le 11 juillet, à sept heures du matin, deux soldats français, passant devant un café, dans la rue même de leur caserne, furent assaillis par des Mexicains et grièvement blessés. Au même moment, dans un autre quartier, un soldat mexicain poignardait un Français marchant seul sans armes. Ces divers agresseurs étaient à peine arrêtés, que de tous côtés des coups de feu retentirent. C'étaient encore des Mexicains qui venaient de tirer sur les hommes de la corvée du pain. Pour le coup, on cria aux armes ; et en un clin d'œil les Français, développés en tirailleurs autour de leur caserne, échangèrent une vive fusillade avec les soldats mexicains montés sur les terrasses environnantes.

Le gouverneur arriva en toute hâte au quartier français, et déclara au commandant qu'on était victime d'une erreur déplorable, que les événements de la matinée n'étaient qu'une rixe survenue entre des gens ivres ; qu'il donnait sa parole de consigner les Mexicains dans leurs quartiers respectifs.

Le feu cessa, mais une lutte prochaine était inévitable : tout le monde le sentait.

Un procès-verbal des événements du jour et des faits

antérieurs fut dressé par les officiers du bataillon et apostillé par le vice-consul de France (1); on attendit avec anxiété.

(1) Cette pièce a trop d'importance pour que nous omettions de la citer; la signature du vice-consul lui donne d'ailleurs une force légale. Elle établit péremptoirement que jusqu'au 13 les Français n'ont fait que repousser des agressions multipliées.

« Monsieur le consul,

« En présence des regrettables événements qui viennent de se passer dans la ville de Guaymas, le bataillon français, représenté par ses officiers, croit devoir vous adresser l'exposé des faits suivants :

« Arrivés il y a trois mois, sur la foi de vagues promesses dont la réalisation a été loin de répondre à notre attente, nous avons conservé, au milieu d'une population prévenue contre nous, hostile peut-être, le calme, la fermeté, la dignité, premier devoir des Français. Nos vœux étaient de rendre par notre intelligence, notre travail, au prix même de notre sang, notre bien-être personnel solidaire du bien-être du pays. Quelques malveillants, aveuglés par un égoïsme intéressé et s'abritant sous de faux semblants de nationalité, se sont, depuis notre arrivée, donné la mission de semer entre nous et la population des ferments de haine et de discorde ; menaces, provocations directes, rien ne leur a jusqu'ici coûté pour chercher à nous faire sortir des bornes de la modération que nous nous étions imposée.

» Devinant le but de ces ténébreuses menées, nous nous sommes contentés de les signaler, à plusieurs reprises, à l'attention des autorités supérieures.

» Sous la pression de la panique qu'ils s'étaient plu à entretenir depuis si longtemps, ils sont parvenus à donner lieu, la nuit du 11 juillet, à une manifestation armée contre nous, manifestation que les autorités, par une méprise que nous regrettons, ont semblé autoriser par leur présence.

» Toute la journée du 11, les munitions qui restaient dans le fort avaient été transportées au quartier général. Des ordres spéciaux avaient convoqué la garde nationale en armes dans ce quartier, qui, quelques heures plus tard, renfermait les notabilités commerciales et administratives, ainsi que les familles fallacieusement alarmées.

Le 13 au matin, on apprit que les troupes de l'intérieur étaient arrivées, ainsi qu'un corps nombreux d'Indiens armés. Les dernières munitions que le fort contenait furent transportées en plein jour au quartier général mexicain. Il devint évident que le gouverneur se préparait à une attaque. L'attendre de pied ferme, c'était sauver la légalité, mais c'était aussi compromettre le sort de la compagnie. Encore un jour, et on allait avoir affaire à 3,000 hommes. L'irritation des Français ne connut plus de bornes. Ils se portèrent en masse à la maison de M. Pannetrat et demandèrent à grands cris que M. de Raousset se mît à leur tête.

» A la vue de ces préparatifs, dont nous ne comprenions ni le but ni la portée, nous nous sommes bornés à prendre quelques mesures de précaution pour nous mettre à l'abri d'un coup de main qui aurait pu être tenté pendant la nuit.

» Ce matin, 12 du courant, les Français, convaincus d'une solution pacifique, se répandaient comme de coutume, et sans armes, dans la ville; des misérables, soldés sans doute, se portèrent à des voies de fait directes contre nos nationaux désarmés, en blessèrent trois; il fallut toute l'autorité des chefs pour sauvegarder la vie des agresseurs, qui furent depuis réclamés par la justice du pays.

» Pendant ce temps-là, Son Excellence le gouverneur général se transportait successivement aux deux quartiers français, pour visiter d'un côté les blessés, de l'autre les prisonniers.

» Si nos intentions avaient été celles que l'on nous a si calomnieusement prêtées, il nous eût été facile de nous donner des garanties en retenant parmi nous le gouverneur et l'état-major qui l'accompagnait. Nous avons eu jusqu'au bout confiance dans la légalité de notre cause et dans les promesses verbales dont on nous berçait depuis si longtemps, nous avons laissé partir librement le gouverneur. Quelques minutes après, les individus dont nous avons signalé plus haut la malveillance faisaient traîtreusement feu sur des Français paisibles passant dans les rues.

Le comte prit la parole :

« Mes amis, dit-il, j'ai fait mes preuves, je pense, et en conseillant la prudence, j'espère que personne ne se méprendra sur le sentiment auquel j'obéis. Oui, nous sommes menacés, oui, nous allons être attaqués, je n'en fais pas plus de doute que vous. Comme vous, je crois que nous avons tout à perdre à attendre, mais cependant, nous n'avons pas encore le droit de douter de la parole

» En présence des faits sus-mentionnés et des dangers qui peuvent nous menacer dans l'avenir, nous venons nous mettre sous la sauvegarde du pavillon national.

» Nous vous prions donc, Monsieur le consul, pour prouver au gouvernement français qu'au milieu d'agressions de toute nature nous avons conservé intacte notre réputation proverbiale d'honneur et de loyauté, de certifier, par votre signature, la véracité des faits signalés dans le procès-verbal ci-dessus.

» Au nom de l'équité, nous vous prions, nous vous requérons au besoin, de vous entendre avec nous et les autorités mexicaines, pour obtenir toutes les garanties que réclament les difficultés de notre position.

» *Le commandant du bataillon*, L. LEBOURGEOIS-DESMARAIS.

LOISEAU. MARTINCOURT. S. PERRET. TERRAL. E. LAVAL.
A. BAZAJOU. E. DE FLEURY. DIDIER. F. CANTON. A. SUEUR.

« *P. S.* — A l'heure même où nous vous adressons ce procès-verbal, nous apprenons que des bandes armées arrivent, nous ne savons sous quels ordres, et envahissent la ville. »

Le vice-consul de France, sachant combien étaient vrais les faits articulés dans la pièce précédente, n'hésita pas à écrire au bas des quatre expéditions les lignes suivantes :

« Je certifie que le bataillon français, depuis son arrivée, s'est montré fidèle aux traditions d'honneur et de loyauté, et qu'il ne s'est jamais rendu coupable jusqu'à ce jour d'aucune agression envers la population de Guaymas.

» 12 juillet 1854.

(L. S.)   » *Le vice consul,* JOSEPH CALVO. »

du gouverneur. Nommez une députation, demandez au gouverneur des otages comme garantie morale, des canons comme garantie matérielle; demandez le désarmement de ces bandes qui s'amoncellent autour de nous. Rien de plus juste! Si le gouverneur refuse, c'est qu'il veut la guerre! Eh bien! en ce cas, nous ferons la guerre! Nous aurons la victoire de Guaymas pour pendant à la victoire d'Hermozillo! »

Une députation fut nommée par acclamation, et aussitôt tout le monde se replia sur la caserne française.

Une heure après, la députation revint : le gouverneur avait refusé de la recevoir.

« Faites former le bataillon en carré, » dit M. de Raousset d'une voix brève au commandant Desmarais.

L'ordre s'exécuta rapidement, M. de Raousset se mit au centre; l'émotion, l'anxiété de tous étaient arrivées à leur comble.

« Mes amis, s'écria M. de Raousset d'une voix vibrante, je ne viens ici peser sur la volonté de personne. Vous êtes complétement libres de prendre le parti qu'il vous plaira, mais vous comprenez comme moi qu'il faut prendre un parti. Voulez-vous devenir des soldats mexicains, régis par le code militaire mexicain, soumis au bâton, sans solde, sans avenir? dites-le; il est inutile de verser une goutte de sang pour cela... bas les armes!

» Voulez-vous, au contraire, rester dignes de ce glorieux nom de Français que vous portez, résister à une oppression injuste, revendiquer votre droit, maintenir votre nationalité violée? haut les armes, en ce cas! haut les armes! Mais décidez-vous. Le temps des hésitations est passé! Que voulez-vous faire? »

« — Marcher ! marcher ! s'écria-t-on de toutes parts.

« — Songez-y ! reprit M. de Raousset, vous êtes peu nombreux,... vous êtes isolés sur cette terre lointaine ; en tirant l'épée, vous vous mettez hors la loi de ce pays !.. Il n'y a pour vous ni grâce ni pardon à attendre ; il faut que vous soyez vainqueurs, entendez-vous ? car les vaincus n'auront pas même droit à des juges ! Que voulez-vous faire en cas de défaite ?

« — Mourir ! mourir ! crièrent toutes les voix.

« — Eh bien donc ! en avant, mes amis, et vive la France ! »

Une clameur immense s'éleva. Au milieu des cris, une voix plus forte demanda que M. de Raousset prît le commandement en chef. Les acclamations redoublèrent.

« — Non, mes amis, non ! répondit M. de Raousset, vous avez vos officiers, vous les connaissez, gardez-les ! ce n'est pas le moment d'apporter du trouble dans votre organisation ! Unité de commandement, soumission aveugle aux ordres du commandant ! Je ne veux être parmi vous qu'un volontaire ! Je n'ambitionne d'autre droit que celui d'être le premier en avant, au plus fort du danger ; qui me suivra sera sûr d'aller loin !

« — Vive la France ! en avant ! »

Ce fut au milieu de ces cris que l'ordre de marche fut donné... Il était trois heures.

Le bataillon sortit de la caserne, divisé en quatre compagnies fortes de chacune soixante-quinze hommes environ. Le premier élan fut superbe... Les paroles de M. de Raousset avaient électrisé tout le monde. Grâce aux inquiétudes et aux appréhensions de la journée, la moitié des hommes n'avait pu prendre aucune nourriture ; ils n'en marchèrent pas moins très-résolûment au pas de charge. M. de Raousset, en tête de la 2ᵉ et 3ᵉ compagnie, se porta contre la caserne mexicaine. La 1ʳᵉ compagnie prit à gauche et la 4ᵉ gagna l'hôtel de Sonore par les jardins.

Le feu s'ouvrit presque simultanément sur quatre points à la fois. Les Mexicains ripostèrent du haut des terrasses, et leur artillerie balaya la grande rue qui conduisait à leur quartier général. La confusion se mit dans les rangs français. Le commandant Desmarais perdit la tête et se replia avec quelques hommes sur son quartier. Un désordre indicible s'ensuivit. Vainement M. de Raousset essaya-t-il de reformer les rangs, pendant qu'une quinzaine de francs tireurs décimaient les artilleurs mexicains sur leurs pièces. La débandade était générale : soldats, officiers, n'obéissaient plus qu'à leur propre inspiration ; il y eut des actes d'héroïsme et des actes de lâcheté insignes. Pendant plus de deux heures, la fusillade retentit sans faiblir, mais aussi sans ensemble. Jamais M. de Raousset, malgré ses exhortations énergiques, ne put réunir plus de vingt hommes pour se porter en avant ; il comprit en ce moment la faute qu'il avait commise en refusant le commandement en chef, et résolut de se faire tuer plutôt que de fuir.

Faute de servants, les canons mexicains venaient de se taire. M. de Raousset tenta un dernier effort.

« A la baïonnette ! » cria-t-il, et il se précipita en avant la carabine au poing. Quelques hommes le suivirent. M. de Raousset s'élança sur le mur d'enceinte de la caserne, et de là, exposé à tout le feu des Mexicains, il cria une dernière fois : En avant ! Son chapeau fut criblé de balles ; il reçut deux coups de baïonnette dans la manche de sa chemise ; à ce moment, si cinquante hommes seulement l'avaient soutenu, la caserne était emportée.

Il fallut céder. M. de Raousset revint au milieu des débris de la compagnie, tête nue, les yeux brillants de larmes de rage impuissante.

En se retirant de rue en rue, en tirailleurs, il réunit environ soixante hommes. Les munitions manquaient. Le combat durait depuis près de trois heures. La démoralisation était générale. Une fusillade bien nourrie se fit entendre du côté de l'hôtel de Sonore. C'était la 4e compagnie qui se retirait en assez bon ordre. — « Allons, mes amis, encore un effort, s'écria M. de Raousset, qui me suit ? »

Deux ou trois voix à peine répondirent à ce dernier appel. Le comte brisa son épée.

Ce fut à ce moment que quelqu'un proposa de se rendre tous ensemble au consulat de France, et sans délibération, sans approbation ni opposition aucune, on se mit en marche.

M. de Raousset marchait confondu dans la colonne.

Le vice-consul déclara que tous ceux qui déposeraient les armes dans ses mains seraient placés sous la protection du pavillon français et auraient la vie sauve.

Une voix cria :

« — Et M. de Raousset, nous garantissez-vous sa vie ? »

M. Calvo parut hésiter. Un grand mouvement se fit dans la foule toujours croissante des Français.

« — Il nous faut la vie de Raousset, s'écria le docteur Pigné Dupuytren, ou nous recommençons le combat ! »

M. Calvo étendit la main, et d'une voix très-nette et très-claire : — « M. de Raousset aussi aura la vie sauve, » dit-il.

Un silence morne suivit cette affirmation. Les Français encombraient de plus en plus la cour du consulat ; on entendait à chaque instant, moins nourrie, la fusillade de la 4ᵉ compagnie, qui se repliait. Le consul arbora un drapeau blanc. A six heures et demie, le feu avait cessé de toute part, et la presque totalité des Français s'était réfugiée au consulat.

Les pourparlers commencèrent entre le gouverneur et le consul. Le général Yanès se refusa à une capitulation discutée ou écrite. Il demanda péremptoirement que toutes les armes lui fussent remises. A cette condition seulement il accordait la vie sauve à *tous*.

Une heure après, les armes étaient livrées, et les prisonniers, divisés en deux catégories, étaient écroués dans les deux prisons de la ville.

Quant à M. de Raousset, il était resté au consulat dans la chambre à coucher du consul. Vers huit heures du soir, cinq officiers vinrent le réclamer au nom du gouverneur général. M. Calvo le livra, sans protestation ; il fut immédiatement écroué et mis au secret le plus absolu.

Le combat de Guaymas avait duré trois heures ; trente-trois Français étaient morts sur le champ de bataille ; cinquante-neuf furent blessés ; treize de ces derniers moururent dans les jours suivants. MM. Edgard de Dion et Justin de Novion étaient au nombre des morts. Les Mexicains avaient engagé environ dix huit cents hommes : vingt-neuf furent tués pendant le combat ; cent vingt furent blessés ; trente-deux moururent des suites

XVI.

Dix jours se passèrent. Les Français, confiants en la parole donnée, s'attendaient d'un moment à l'autre à être renvoyés en Californie, lorsque tout à coup une lugubre nouvelle vint consterner tout le monde. Le comte Gaston de Raousset-Boulbon était traduit devant un conseil de guerre.

Il n'y eut qu'un cri contre le vice-consul, et sans se faire l'écho passionné des récriminations auxquelles M. Calvo est encore en butte à cette heure, on ne peut trop regretter que le gouvernement français n'ait pas eu à Guaymas un représentant plus énergique; même sans en avoir pris l'engagement, un homme de cœur pouvait sauver la tête de M. de Raousset.

L'instruction commença. Elle dura une quinzaine de jours. On interrogea le commandant du bataillon et quelques officiers et sous-officiers. Nous regrettons de le dire, mais, à l'exception d'un seul, M. Bazajou, tous les Français interrogés cherchèrent à se disculper aux dépens du comte. Aucun témoin à décharge ne fut entendu.

Le jour du procès arriva : c'était le 9 août. M. de Raousset avait accepté pour défenseur M. ✠★★★★, jeune capitaine mexicain qui, deux ans auparavant, avait été son prisonnier à Hermozillo. Devant ses juges, le comte ne se démentit pas : il resta calme, ferme, sincère.

généreux envers ceux mêmes qui le chargeaient. Il dédaigna de se défendre.

Quand le jeune capitaine eut achevé son plaidoyer chaleureux, M. de Raousset parut ému un instant. Il prit la main de son défenseur et la serrant énergiquement :

« Merci, lui dit-il, vous m'avez défendu comme je désirais l'être. Je suis trop pauvre pour reconnaître convenablement ce que je vous dois ; acceptez ceci et gardez-le en mémoire de moi ! »

Et détachant sa bague chevalière, à ses armes, il la passa au doigt de M. *****, trop ému pour lui répondre une parole.

Cinq minutes après, l'arrêt était rendu. Le comte Gaston de Raousset-Boulbon, déclaré, *conspirateur et révolté*, était, à l'unanimité des voix, condamné à être passé par les armes (1).

M. de Raousset sourit à cette lecture, salua ses juges, et, avec le plus grand calme, rentra dans sa prison.

Le lendemain matin, il fut mis en chapelle.

La condamnation du comte de Raousset, bien que prévue par tout le monde, détermina dans la ville la manifestation de sentiments très-divers. Les gardes nationaux vainqueurs du 13 juillet, et les gardes nationaux vaincus d'Hermozillo, se signalèrent par l'explosion de leur joie ;

---

(1) Un incident marqua la lecture de la sentence : M. Martineau, Espagnol, interprète officiel du gouvernement, se refusa nettement à lire l'arrêt au condamné. Il prétendit que son estime pour le comte était trop grande et qu'il était trop sûr du repentir des juges eux-mêmes. Il fut destitué séance tenante.

ils se promenèrent par la ville musique en tête. La plus grande partie de la population et la majorité même des officiers de l'armée étaient loin de partager ces sentiments hostiles. Par la noblesse de son caractère, par sa vaillance et aussi par son malheur, le comte avait conquis des sympathies ardentes. Il fut hautement question, dans des lieux publics, de soulèvement en sa faveur. Sur l'instance de quelques habitants notables, le major Roman, consul américain, promit sa médiation amicale.

N'ayant aucun titre pour agir de son chef, M. Roman envoya à deux reprises un négociant de la ville, M. Coindreau, près de M. Calvo, pour le décider à faire une démarche commune auprès du gouverneur général. A chaque visite, le vice-consul de France se contenta de répondre qu'il ne pouvait rien, que la justice devait avoir son cours, etc.

Le major Roman, désespéré de cette inaction, se rendit en personne au consulat de France : ses efforts réitérés ne purent vaincre l'inexplicable résistance de M. Calvo. L'impression produite par cette conduite du consul fut généralement pénible, encore aujourd'hui elle sert de texte à d'amères récriminations.

Le soir de sa condamnation, M. de Raousset fit appeler M. Pannetrat et resta avec lui une demi-heure environ. L'excellent homme fondait en larmes, et ce fut à celui qui allait mourir de le consoler. Il s'occupa avec sollicitude de mille petits détails et lui fit avec le plus grand calme ses recommandations dernières.

Jusqu'à une heure avancée de la nuit, il écrivit des lettres à sa famille et à ses amis des deux mondes. Puis il se coucha et dormit six heures de suite.

7

Le lendemain, après avoir écrit son testament, il fit de nouveau appeler M. Pannetrat.

« Mon ami, lui dit-il, j'ai mis en ordre, toutes mes petites affaires. Je n'ai plus maintenant à m'occuper de ce monde. Y a-t-il dans cette ville un prêtre éclairé que je puisse faire appeler ? »

M. Pannetrat lui nomma le curé de Guaymas, don Vicente Oviédo, un des rares prêtres qui honorent le clergé mexicain, le plus ignorant et à coup sûr le plus sordide clergé du monde.

M. de Raousset passa trois heures avec don Vicente : au moment de le quitter :

« Surtout, mon Père, lui dit-il, ne m'oubliez pas demain, ce sera sans doute de bonne heure... Je serai heureux de vous serrer la main une dernière fois. »

M. Calvo fut introduit à son tour. L'entrevue fut froide et réservée des deux parts. Le comte lui remit ses lettres, son testament, et divers papiers. M. Calvo s'engagea sur l'honneur à les faire parvenir à leur adresse. En échange, M. de Raousset lui écrivit une lettre dans laquelle il rétractait tout ce qu'il avait dit ou écrit autrefois contre lui.

Cette *affaire* faite, le consul allait se retirer lorsque le comte l'arrêtant :

« Vous connaissez sans doute les lois du pays ? lui demanda-t-il, comment fusille-t-on un homme, ici ?

— Mais, répondit le consul avec embarras... je crois qu'on lui bande les yeux et qu'il reçoit la mort à genoux.

— A genoux ! les yeux bandés ! s'écria M. de Raousset, on n'attend pas cela de moi j'imagine ? Il faut voir le gouverneur, Monsieur, il faut le voir tout de suite ! Cela ne se peut pas, comprenez-vous ? »

M. Calvo sortit, et M. de Raousset resta en proie à une grande agitation. Il écrivit au gouverneur une lettre à la fois respectueuse et énergique, et ne retrouva son calme que lorsqu'une réponse officielle l'eut complétement rassuré à cet égard.

Nous croyons devoir donner ici, à la suite et sans commentaires, quelques-unes des dernières lettres du *comte*, elles en diront plus sur le calme de son esprit et la sérénité de son âme, à cette dernière heure, que tous les récits que nous pourrions faire.

« Mon cher frère, quand tu recevras cette lettre, je ne ne serai plus de ce monde. . . . . Lorsque les Français sont entrés dans la maison du consul, tout était fini ; je les voyais clairement perdus. J'avais fait mon devoir et j'avais le droit de penser à ma sauvegarde. Plusieurs m'ont conseillé de fuir, je le pouvais ; il m'était facile de réunir une douzaine de matelots, de m'emparer d'un navire et de gagner la mer. J'étais venu pour partager le sort des Français, et j'ai voulu le partager jusqu'au bout ; j'ai fait de propos délibéré le sacrifice de ma vie, je ne me suis pas rendu, j'ai été fait prisonnier. Hier, 9 août, j'ai été jugé par un conseil de guerre et condamné à mort ; je serai fusillé demain ou après-demain. Le général Yanez a bien voulu m'accorder l'autorisation de t'écrire et me faire donner l'assurance que, sans avoir à subir aucune humiliation, je serais fusillé debout et les yeux non bandés, les mains libres.

» Lorsque je me suis laissé faire prisonnier, je savais que je faisais le sacrifice de ma vie. Depuis sept jours que je suis au secret et en prison, j'ai eu tout le temps de voir venir la mort et de penser à ce qu'elle est, quand on la reçoit à trente-six ans, de sang-froid, avec certitude, dans la plénitude de la vie et de la force. Ne crois pas qu'il y ait pour moi une souffrance dans cette situation ; ne t'affecte pas à la pensée qu'il faut considérer ceci comme une lente et douloureuse agonie ; non, mon frère, tu te tromperais ; je meurs avec un grand calme. Il y a dans ma vie une somme de bien et de mal, je considère le supplice comme une expiation du mal ; le peu de bien que j'ai fait et surtout que j'ai voulu faire, me donnent le calme de la conscience. Si je suis ici, c'est pour avoir tenu mes engagements, c'est ma fidélité à ma parole qui creuse ma tombe. J'ai voulu faire du bien aux hommes qui m'avaient donné leur confiance, j'ai sincèrement aimé le pays dans lequel je vais mourir. A part tous mes emportements de passion et de colère naturels à mon organisation, j'ai voulu sincèrement le bien de ce pays, et il ne pouvait que gagner à la réalisation de mes idées. Si la légation de France m'avait appuyé le moins du monde quand je suis allé à Mexico, j'ai la conviction qu'il en serait résulté de grands avantages pour le Mexique et pour les malheureux Français qui luttent en Californie contre un avenir sans issue. Il a dépendu de moi de faire beaucoup de mal si j'avais voulu flatter et exalter des passions mauvaises. Je puis dire que je n'ai fait appel qu'à de généreux sentiments ; ma conscience est donc en repos. J'ai dans l'immortalité de l'âme une foi profonde ; je crois fermement que la mort est l'heure de sa liberté, je crois fermement à la mansuétude infinie du Créateur envers sa créature. Lorsque je demeure quelque temps à suivre cet ordre d'idées, j'arrive à une exaltation qui me fait considérer la mort comme l'heure la plus fortunée de ma vie. Tu le vois, mon frère, je meurs tranquille, et tu ne dois avoir aucune inquiétude sur la manière dont se seront passés mes derniers instants. J'ai prié un officier mexicain de recueillir sur mon cadavre une petite médaille que je porte au cou ; il la remettra pour toi à un ami qui doit aller à Paris, et tu lui diras de se rappeler toujours, en la regardant, qu'une femme doit avoir une vie sérieuse et penser à son ménage, au lieu de rêver bals et colifichets. Tout ce que tu feras pour faire de ta fille une femme de cette nature, attachée à son mari, à ses devoirs, à sa maison, une femme enfin comme sa mère, tu le feras pour le bonheur de ta fille. Quant à tes fils, donne-leur une carrière à parcourir, donne à leur vie une occupation et un but, sinon tremble pour leur avenir. Méfie-toi de l'éducation universitaire, la plus détestable que je connaisse. Tu le sais comme moi, par expérience, les neuf dixièmes des élèves sortent des collèges sans avoir rien appris.

Soigne l'éducation de tes enfants, qu'ils apprennent beaucoup, et qu'ils apprennent surtout des choses pratiques. Le duc d'Aumale me disait : « Je ferai certainement apprendre à mon fils un état pratique et manuel, pour qu'il puisse gagner sa vie. » Médite cette parole, mon cher frère, et n'oublie pas que celui qui parle ainsi est fils de roi. Ta position de fortune te met à même de donner à tes enfants l'éducation la plus complète qu'il soit possible d'imaginer, ne néglige rien, c'est ton devoir, et leur avenir s'en ressentira. Je te parle ainsi de tes enfants et de toi parce que, après une séparation de quelques années, nous sommes destinés à nous revoir. Par des routes diverses, et en plus ou moins de temps, nous arrivons tous au même terme : la mort. La mort, c'est la réunion de ceux qui se sont aimés. Notre père était un homme qui n'avait guère l'habitude de dérider devant nous son visage sévère ; comment se fait-il que depuis des années je le vois en rêve et toujours souriant et bon ? Comment se fait-il que j'aie conservé pour ma mère un culte et une affection tendres, et de continuelles aspirations vers elle, moi qui ne l'ai jamais connue ? C'est qu'il y a entre nous, sans doute, une chaîne mystérieuse qui commence avant le berceau, s'étend au delà de la tombe, et dont la vie n'est qu'un chaînon. Oui, nous nous reverrons. Il ne faut pas regretter ceux qui meurent, parce qu'ils vont rejoindre ceux qu'il ont aimé et attendre ceux qui les aiment.

» Je connais toute l'affection que ta mère a pour moi ; je sais combien ma mort va la désoler. Console-la. Dis-lui qu'après tout ma vie a été tellement attristée, gâtée, désenchantée par les déceptions qui l'ont traversée, qu'en vérité je dois bien peu regretter de la quitter. Remercie-la de toutes les bontés qu'elle a eues pour moi. Qu'elle me pardonne les ennuis que je lui ai causés. — Dis à ta bonne et excellente femme de faire prier pour moi ses petits enfants ; qu'elle habitue ces petits anges à parler de l'oncle Gaston et à aimer sa mémoire. Bonne Laurence ! combien de fois, dans le cours de mes aventures, n'ai-je pas pensé qu'il eût mieux valu pour moi vivre calme et retiré, dans les saintes joies de la famille, avec une femme excellente comme elle. — Tu sais quels étaient mes amis. Dis-leur que je ne les ai pas oubliés. Au seuil de la tombe où je descendrai demain, tous ceux qui m'ont aimé me deviennent plus chers, et, du plus profond de mon cœur, je leur suis reconnaissant pour les heures de joie que leur affection m'a données. N'oublie pas surtout Edme de Marcy, car il est celui de tous qui m'a le plus aimé et à qui je l'ai le mieux rendu.

» J'ai laissé à San Francisco des papiers qui te seront envoyés et probablement apportés par une personne sûre. Tu retrancheras de ces papiers et tu brûleras tout ce qui te paraîtra peu convenable, ainsi que certains écrits tout à fait intimes. Après avoir émondé scrupuleusement ces manuscrits, tu les garderas, pour qu'ils servent de pièces justificatives dans le cas où ma mémoire étant attaquée, tu aurais à la défendre. Lorsque ton fils aura vingt ans, tu pourras les lui communiquer. Puisque tu veux en faire un homme, tu lui diras d'étudier un peu ce qu'était l'oncle Gaston.

» J'ai encore quelques recommandations à te faire ; je les écris à mesure qu'elles se présentent à mon esprit. J'ai laissé en Afrique, entre les mains de....., d'autres manuscrits, des livres et un portrait de ma mère. J'ai réclamé ces divers objets pendant des années, sans qu'il m'ait été possible de me faire rendre quoi que ce soit. Ce sont encore des choses qu'il te serait aussi agréable à toi de posséder, qu'il me ferait plaisir à moi de les savoir entre tes mains. — Il est temps de terminer cette lettre déjà longue. Lorsque tu réfléchiras à ma vie, pense qu'il est des natures exceptionnelles que leurs qualités et leurs défauts emportent à travers des voies étranges. Il ne faut les juger qu'avec une grande modération. Adieu, mon bon frère, continue ta vie comme tu l'as fait jusqu'à ce jour ; tu seras dans le vrai. Continue à te consacrer à ta femme et à tes enfants ; faites-moi revivre au milieu de vous par la pensée, et croyez bien que le plus vif regret que j'éprouve, c'est de n'avoir pas, avant de mourir, quelques heures à passer avec ma famille.

» Adieu encore pour la dernière fois, et au revoir dans un monde meilleur.

» GASTON. »

« *P. S.* Tu trouveras, ci-jointe, une copie de ma sentence. Tu verras que je suis condamné comme conspirateur et révolté, mais qu'elle ne renferme pour moi aucun terme flétrissant. Cette sentence doit être assimilée à une condamnation politique. M. Calvo, agent consulaire de France à Guaymas, a été parfait pour moi dans mes derniers instants. Il m'a donné des marques d'intérêt dont je lui suis reconnaissant.

» Je dois ajouter pour l'honneur de ma mémoire, et M. Calvo, ainsi que tous ceux qui ont eu connaissance du procès, peuvent l'attester, que j'ai refusé de répondre à toute question relative à d'autres que moi. Je n'ai pas dit une parole qui ait pu faire élever sur qui que ce soit l'ombre d'un soupçon de complicité. Il n'en est pas de même des malheureux pour qui je me suis dévoué. Sur douze hommes du bataillon qui ont été interrogés, dont quatre officiers : le commandant, l'officier comptable et deux capitaines, onze ont essayé de se disculper à mes dépens ; un seul, nommé Bazajou, a répondu convenablement. — Je pardonne à ces ingrats. »

« Guaymas, le 10 août 1854.

« Mon bon frère,

» La personne qui te remettra cette lettre est M. Calvo, agent consulaire de France à Guaymas. M. Calvo m'a donné dans ces derniers jours des preuves d'intérêt dont je lui suis reconnaissant. Il se charge de faire parvenir mes lettres pour toi et quelques personnes à qui j'écris. M. Calvo te donnera sur ma mort les détails que tu désires sans doute connaître, et il pourra t'assurer, *de visu*, que j'ai franchi ce pas suprême comme il convient à un gentilhomme. Je suis à cette heure en *capilla ;* M. Calvo t'expliquera ce que c'est. Le curé de Guaymas sort d'ici ; c'est un homme intelligent et doux, un homme comme il en faut pour adoucir ce qu'il y a de trop léonin et d'indompté chez moi. Après demain matin, je verrai flamber la dernière capsule et brûler la dernière cartouche. Mes dernières heures ne devaient être que calmes, et grâce à cet excellent prêtre, je vois qu'elles vont être douces. Mon cœur se rouvre aux idées religieuses de la jeunesse, et je vais à la mort comme à une fête. Si le père Deschamps est toujours à Avignon, écris-lui de ma part; je suis sûr que tu le combleras de joie. Si tes enfants tombaient quelque jour dans les idées ridiculement irréligieuses que j'ai eues quelquefois moi-même, fais leur lire cette lettre, et dis-leur que l'oncle Gaston qui, plein de vie, de force et de raison, est mort entre les mains d'un prêtre, était cependant un homme intrépide. Certes, ce n'est pas la peur qui me fait agir ainsi, je ne vois pas en Dieu un être terrible, je le vois infiniment bon et miséricordieux, et si je vais à lui, c'est que j'y suis poussé par le sentiment et par le besoin d'aimer. — Allons, frère, il faut nous dire adieu et pour la dernière fois. Reçois M. Calvo comme un ami, c'est ton frère mourant qui te le demande.

» GASTON. »

« Guaymas, le 10 août 1854.

» Ma chère mère,

» Vous aurez eu connaissance de ma lettre à Victor, quand celle-ci vous sera remise par M. Calvo, agent consulaire à Guaymas. M. Calvo m'a donné récemment des marques d'intérêt qui doivent vous le faire considérer comme un ami. Recevez-le comme tel, et qu'il soit accueilli dans ma famille comme je l'ai été dans la sienne. Si M. Calvo avait pu quelque chose pour me sauver, je ne doute pas qu'il ne l'eût fait. Le général Yanez, lui-même n'a pas dû désirer ma mort, mais il est forcé d'obéir aux rancunes que j'ai soulevées chez certains hommes de ce pays, malgré le désir ardent que j'avais d'être utile au pays même. Le général agit noblement du reste; la sentence qui me condamne ne porte aucune qualification injurieuse. . . . .

. . . .

Ma chère mère, il m'en coûte de ne pouvoir vous embrasser avant de mourir ; c'est le plus grand regret que j'emporte, car pour ce qui est de la vie, je meurs dans un état de calme trop parfait pour la regretter, les sentiments de mon enfance me reviennent presque avec leur première fraîcheur. Vous pouvez prier pour moi, avec la certitude qu'étant mort religieusement, je puis profiter de vos prières. ..... Adieu, ma bonne mère, adieu et au revoir... J'oubliais, ingrat, de vous entretenir de notre bon cousin N***. Mme *** m'a aimé comme une mère ; dites-lui que je vais à la mort en gentilhomme, et que je meurs en chrétien. Adieu, ma mère, adieu encore pour la dernière fois.

» GASTON. »

« Guaymas, le 10 août 1854.

» Monsieur de Lachapelle,

» Vous avez été l'un de mes meilleurs et de mes plus fidèles amis ; vous m'avez, je crois, bien connu et apprécié ; vous avez compris ce qu'il y avait en moi de dévouement pour les intérêts et les affections des hommes qui m'entouraient ; vous savez combien peu me préoccupait ma propre personnalité. Vous êtes donc, parmi mes amis, l'un de ceux à qui je dois léguer le soin de ma mémoire ; je le fais avec confiance.

» A la suite d'événements dont je ne puis vous faire le récit, j'ai été fait prisonnier, traduit en conseil de guerre et condamné à mort, hier, 9 août. Ma sentence doit être exécutée demain ou après-demain. Je dois à la courtoisie du général Yanez de mourir convenablement, fusillé, debout, les yeux et les mains libres.

» Je ne veux accuser personne de ma mort et je pardonne à ceux qui l'ont causée ; je suis même jusqu'à un certain point satisfait des marques d'ingratitude qui m'ont été données. Tout homme emporte au delà de la tombe la responsabilité de sa vie ; l'ingratitude et le supplice me seront sans doute comptés comme une expiation du mal que j'ai pu faire.

» Je meurs à trente-six ans, plein de vie, plein de force, eh bien ! la vie me cause peu de regrets. La mienne a été traversée de beaucoup d'ennuis. J'ai une foi profonde dans l'immortalité de l'âme et dans une existence meilleure au delà du tombeau. La mort m'apparaît comme une heure de réveil et de liberté. Il ne faut pas plaindre ceux qui meurent ainsi.

» Il est encore une considération qui me donne beaucoup de calme ; c'est la grande quantité d'hommes qui, valant mieux que moi, ont, avant moi, péri par le supplice. Pourquoi me plaindrai-je de finir comme eux ?

» Je vous recommande de faire mes adieux à tous ceux que vous avez su être de mes amis. Si quelques-uns s'étonnaient que je ne me sois pas brûlé la cervelle, vous répondrez que j'ai considéré le suicide comme une désertion.

» A vous, à ceux qui m'ont apprécié et connu, je lègue le soin de ma mémoire. Je vous dis adieu du fond de mon âme et je vous attends dans un monde meilleur.

» GASTON DE RAOUSSET-BOULBON. »

« J'oubliais de dire particulièrement adieu à Mersoh, ce bon et noble cœur, cet esprit si délicat, si éclairé, si modeste ; lui pour qui j'ai eu tant d'estime et de sincère affection.

« Guaymas, le 11 août 1854.

A Monsieur ***,

» Mon ami, je serai fusillé demain matin ; je suis en *capilla* et c'est de là que je vous écris.

» Ma fidélité à ma parole et à des engagements qui se trouvent dans le livre de gravures que je vous ai confié, m'ont obligé à combattre le

15 juillet, malgré le doute où j'étais sur l'issue du combat. Le bataillon avait des officiers et un commandant dont j'ai dû respecter la susceptibilité et l'incapacité, jusqu'à lui laisser le commandement pendant le combat. Le malheureux n'a pas compris le premier mot des instructions que je lui avait données. Dès les premiers coups de feu, le bataillon est tombé dans un affreux désordre. On ne rallie pas sous le feu des gens qui ne sont pas soldats ; on ne les ramène pas non plus en arrière sans les démoraliser. . . . .

» . . . . . . Pannetrat pourra vous donner de vive voix les détails de cette affaire ; je crois, mon ami, avoir fait mon devoir envers *tout le monde.*

» Le général Yanès, qui commandait les Mexicains, est un brave : ses soldats ont tenu ferme, car malgré leur mollesse, les Français ont eu hors de combat le tiers de leur effectif. J'ai de grandes obligations au général pour la courtoisie dont il use dans la rédaction de ma sentence et de son exécution. Je prie que l'on joigne à cette lettre une copie de la sentence. Vous y verrez que je suis condamné comme conspirateur et révolté, mais qu'on ne m'y qualifie ni de traître, ni de flibustier, ni de pirate. Vous pouvez, cette sentence à la main, faire rectifier tout ce qu'il y aurait d'erroné dans les publications américaines.

» En cela comme en toute autre chose, vous êtes naturellement de ceux à qui je lègue le soin de ma mémoire. . . . .

» Pannetrat devant aller à Paris, je désire qu'il se charge de mes papiers pour les remettre à ma famille, à Avignon, ou à mon frère, au haras de Braisne, près Laon. Je vous prie de vouloir bien, avec M. Gouffier, faire de ces papiers un paquet ficelé et cacheté que vous confierez à M. Pannetrat au moment de son départ, ou à toute autre personne parfaitement *sûre,* dans le cas où M. Pannetrat ne partirait pas.

» Je meurs parfaitement calme, sans regrets.

» J'ai conservé la médaille que votre femme m'avait donnée ; elle sera reprise sur mon cadavre et envoyée à une fille de mon frère qui la portera toute sa vie.

» Rendez à votre femme le baiser d'adieu qu'elle me donna quand je quittai San Francisco.

» Adieu, mon ami, adieu ; pensez quelquefois à moi et ne me plaignez pas.

» Comte de Raousset-Boulbon. »

XVII

Le samedi 12 août, à quatre heures du matin, le colonel Campuzano entra dans la *capilla* suivi de l'assesseur et du greffier. M. de Raousset dormait profondément.

Il s'éveilla en sursaut :

« Faut-il partir ? demanda-t-il en se frottant les yeux. »

— Non, senor conde, répondit le colonel. Vous avez encore une heure à vous ; nous venons remplir une dernière formalité. »

Pendant que les scribes verbalisaient, M. de Raousset s'habilla tranquillement. Le soleil venait de se lever ; la matinée était magnifique, l'air embaumait de senteurs tropicales. On entendait déjà confusément le bruit de la ville, les tambours battaient aux champs, et les clairons du fort sonnaient la diane. M. de Raousset mit une certaine coquetterie dans sa dernière toilette : il peigna avec soin ses beaux cheveux et choisit sa plus fine chemise. Il achevait de manger un morceau de volaille froide, lorsque le révérend don Oviédo parut.

« Ah ! vous voilà, merci, mon Père, dit M. de Raousset, vous le voyez, le bon Dieu me gâte ; il fait un temps superbe ! »

Il s'entretint quelques minutes avec le prêtre. Le colonel rentra ; avant même qu'il n'ouvrit la bouche, le comte le prévint :

« Je vous comprends, colonel, une minute s'il vous plaît. »

Il passa une dernière fois la main dans ses cheveux, releva sa moustache et d'une voix ferme : « Messieurs, dit-il, je suis à vos ordres. »

L'escorte se mit en marche. Il était six heures moins quelques minutes.

La ville de Guaymas regorgeait de gens venus de tous les points de la province. Sur la place du Gouvernement, l'armée était rangée en bataille ; les officiers de tous grades, en grand uniforme, entouraient le général gouverneur, caracolant sur un cheval de parade. Entre le fort et la baie, un bataillon de ligne protégeait l'emplacement destiné à l'exécution. Les terrasses des maisons étaient couvertes de monde, et sur la pente du fort s'échelonnait une population innombrable.

A six heures précises, le *comte* parut. Il marchait d'un pas ferme, tête nue, s'éventant négligemment de son chapeau de paille et causant avec Don Vincent. Le colonel Campuzano et quelques officiers formaient l'escorte.

Arrivé sur le bord de la baie et lui tournant le dos, face à face avec un peloton de six soldats mexicains, rangés à sept ou huit pas devant lui, M. de Raousset promena sur la foule frémissante un regard lent et assuré. Un cri déchirant partit d'une des terrasses : il tressaillit, leva les yeux avec angoisse et pâlit légèrement : on emportait une femme évanouie.

Un officier lut à voix haute la sentence : M. de Raousset embrassa don Vincent, posa son chapeau à terre et s'adressant aux soldats mexicains : « Allons, mes braves ! dit-il, faites votre devoir ! tirez juste ! au cœur !... »

Il croisa les mains sur sa poitrine, fit un pas en avant et attendit.

Il se passa alors un fait singulier : l'officier commença le commandement au peloton, et le commandement ne fut exécuté que partiellement et sans ordre. Il était évident qu'officier et soldats étaient émus et hésitaient. Le commandement fut suspendu.

Un officier courut prévenir le gouverneur de ce qui se passait. Il revint au bout d'un instant avec l'ordre d'en finir au plus vite. Le commandement fut repris : plusieurs coups retentirent, M. de Raousset tomba la face contre terre. La justice mexicaine était satisfaite.

A ce moment la foule ne put plus se contenir : des cris et des sanglots s'élevèrent de toute part; les femmes se sauvaient le mouchoir sur les yeux, et répandant d'abondantes larmes ; les Sonoriens, peu habitués à tant de courage en face de la mort, se laissèrent aller à de douloureuses émotions qui devinrent comme sympathiques : les plus indifférents comprirent tout d'un coup la perte que faisaient la liberté et l'indépendance de la Sonore ; pour ceux qui l'avaient aimé, le supplicié était déjà un martyr.

Le *comte* était mort sur le coup. Une balle avait traversé la face et le crâne, deux autres avaient pénétré dans la région du cœur, une quatrième ayant frappé sur la ligne médiane de la poitrine, avait brisé en morceaux la petite médaille en argent qu'il portait, et en avait refoulé une partie dans la plaie. Le feu s'étant mis à ses vêtements, on versa sur lui deux seaux d'eau. Le colonel Campuzano plongea le doigt dans la plaie de la poitrine et retira les fragments de la médaille. Le corps fut relevé, mis dans une bière et enterré décemment. Don Vincent Oviédo resta en prière au pied de la fosse jusqu'à ce qu'elle fût comblée.

Le comte Gaston de Raousset-Boulbon était âgé de trente-six ans.

Voici le rapport du général Yanès au ministre de la guerre du Mexique :

Excellence,

Le 9 août, en conseil de guerre ordinaire, présidé par le général Gradué, le colonel du 5e bataillon, Domingo Ramilès de Arellado, et composé de MM. les capitaines Antonio Mendoza, Juan, B. Navarro, Domingo Duffoo, Julio Gomez, Wenceslao Dominguez et Isidore Campos, a été examiné le procès instruit contre le comte Gaston Raousset-Boulbon, dans les formes voulues. Le conseil, après avoir entendu la défense et les disculpations de l'accusé, après avoir rempli les formalités de la loi, a déclaré, à l'unanimité, que M. de Raousset fût passé par les armes.

Approuvant cette sentence (et après avoir consulté l'assesseur), j'ordonnai, le 10, qu'elle fût exécutée sur la place du Môle, à six heures du matin, le samedi 12, prescrivant, en même temps, que le condamné fût mis immédiatement en chapelle.

Pendant le temps qu'il est resté en chapelle, le comte a reçu tous les secours que sa situation demandait.

Il fit son testament, disposant librement des objets qu'il possédait dans ce port ; écrivit plusieurs lettres, parla à un de ses compatriotes, à son défenseur et à M. le vice-consul de France, auquel il recommanda partie de ses dernières dispositions ; on lui permit, en résumé, tout ce qui était compatible avec l'humanité et avec les circonstances. Les conseils de notre sainte religion lui furent prodigués par le curé de ce port, Vicente Oviédo.

Enfin, le samedi 12 courant, de grand matin, la garnison de la place était sous les armes. Partie de la troupe, suivant mes dispositions, était formée en bataille non loin du lieu de l'exécution. Une autre partie formait, sur ce dernier lieu, le carré de coutume. Tout étant ainsi disposé, pour donner à un acte aussi important la solennité et le respect que mérite la justice de la nation, le condamné fut conduit à l'endroit désigné au milieu d'une forte escorte, et là, après l'accomplissement de toutes les formalités voulues par l'ordonnance, s'accomplit la sentence, et fut fusillé le comte Raousset-Boulbon, qui reçut la mort avec grand courage, et se repentant de ses fautes en chrétien. Il a été donné au cadavre sépulture ecclésiastique, dans le cimetière de ce port.

Avec la présente communication, Votre Excellence trouvera le témoignage de la cause instruite contre le malheureux M. de Raousset. Je joins également copie de sa disposition testamentaire, que cette commandance générale a fait accomplir en ce qui la concernait, réunissant les objets désignés et les remettant à M. le vice-consul de France, pour qu'ils soient délivrés suivant la volonté du testateur.

J'espère que Votre Excellence informera S. A. S. le général Président de l'exécution de la sentence qu'a prononcée contre le comte de Raousset la justice nationale, lui donnant en même temps compte de la présente communication, etc.

Dieu et liberté !

JOSE-MARIA YANEZ.

La nouvelle de l'exécution de Gaston de Raousset produisit en Californie une impression indicible. En France, elle plongea tous ceux qui l'avaient connu dans la plus douloureuse stupeur. Malgré les graves préoccupations politiques du moment, l'attention se détourna tout entière sur l'héroïque jeune homme. Nous nous rappelons encore avec quelle émotion curieuse on se disputait les journaux des Etats-Unis apportant des nouvelles du

Mexique. L'annonce de son arrestation dans un consulat de France excluait dans l'esprit de tous l'idée d'un dénoûment tragique. On s'obstinait à espérer, l'illusion fut aussi courte que cruelle.

Le gouvernement s'est enfin ému ; à cette heure, une enquête officielle est ouverte sur les événements de Guaymas.

Les dernières nouvelles du Mexique ne laissent aucun doute sur la chute prochaine de Santa Anna. Le général Yanès fait partie des généraux insurgés contre le dictateur.

On le voit, les prévisions de M. de Raousset sont en train de se réaliser.

A ceux qui nous reprocheraient de nous être trop longuement étendu sur la vie et les projets d'un *aventurier*, nous répondrons ceci : — Le succès seul ne fait pas les grands hommes. Fernand Cortès, avant la prise de Mexico, n'avait pas moins de génie qu'après la victoire. Supposez cependant un échec devant la capitale des Astèques : — Que devient le héros ?

HENRY DE LA MADELÈNE.

Alençon. — Poulet-Malassis et De Broise, imprimeurs et lithographes.

www.ingramcontent.com/pod-product-compliance
Lightning Source LLC
Chambersburg PA
CBHW070752290326
41931CB00011BA/1985